きこえない子の心・ことば・家族

聴覚障害者カウンセリングの現場から

河﨑佳子

明石書店

本文イラスト／川畑直人

きこえない子の心・ことば・家族――目次

はじめに――親子喧嘩　7

【I】手話という「話しことば」

1　ウルトラマンタロウとウルトラマンレオ　12
2　「人とかかわる能力」の始まり　17
3　この子が思春期を迎えるとき…　21
4　ぼく、大きくなったらきこえるようになるの？　26
5　「関係性」を生きる　30
6　ゴミ箱に散ったお弁当の「傷」　33
7　問題の顕在化・低齢化と「手話」　37

【II】きこえない人々の心に触れて

1　「きこえなかったら言いなさい！」　42
2　コーラス大会の朝　47
3　爆発的な行動化　50
4　私はあなたの身体には触れないわよ　54

5　底なし沼の暗闇　59
6　きこえない「事実」　63
7　鎖につながれた象　67
8　「本人」から学ぶ　71

【III】きこえの異なる親と子

1　ママはきこえないの。だから、おててで話そうね　76
2　親への同一化　80
3　世代間伝達――コーダの心を守りたい　84
4　マンハッタン・スクール47　88
5　心の安全基地　92
6　ぼく、きこえない人になってもいいの?　97
7　意味を生きる　101

おわりに――臨床心理学という視点　107
あとがき　111

はじめに——親子喧嘩

ある会合でお会いした手話通訳士の方から、「親子喧嘩の通訳を依頼されることがある」という話を聞いた。何とも複雑そうな表情に映った。本来ならば他人が踏み込むことのない状況に、立ち会ってしまった「後味の悪さ」だろうかと感じた。

きこえる親ときこえない息子、きこえない親ときこえる娘——。どんなかたちにせよ、親子が喧嘩をするのに通訳を求めなければならないという実態は、何とも悲しく、寂しい事実である。けれども、たとえ通訳を介してではあれ、「言い争ってみよう」と思える関係にある親子は、ある意味では、まだ幸いだと言えるのかもしれない。そこには、「伝わればわかり合えるはず」という希望が存在するからである。

筆者は、心理カウンセラーとして多くの聴覚障害者とその家族に触れるなかで、そんな希望からはほど遠い、わかり合えるはずもない「関係」を目の当たりにしてきた。きこえの異なる親と子の間で交わされた会話の多くは、残念ながら、コミュニケーションと呼ぶにはお粗末すぎた。

インテグレーション【注】で私立の高校を卒業した息子は、大学受験に失敗したのをきっかけに、すっかりやる気をなくして自室に閉じ籠もってしまった。ろう学校高等部を優秀な生徒として卒業し、大手の工場に勤め始めた娘は、入社後間もなく「同僚がいじめる」と言って出勤しなくなり、その後、家庭内暴力が始まった。このような話は、あとを絶たない。

親たちは困っている。当事者である子どもたちは、もっと困っているだろう。けれど、カウンセラーの前に座る親と子は、信じられないほど「語り合えない」。手話通訳を介してすら、難しい。どちらか片方が、一方的に不満や苦情を訴えることはある。だが、親子の間には、話しことばとして双方が自由に使いこなせるコミュニケーション媒体がない。対等な立場で伝え合い、話し合う体験をしたことはないのだろうと想像される。

多くの親たちが、「この子は、口話でわかります」と言う。「すべてわかります」という意味のときもあれば、「だいたいわかります」という意味の場合もあるが――。きこえない子どもたち自身も、「ぼくは、手話は必要ありません」と言う。けれど、それならばなぜ、彼らの話はかみ合わないのか。親が必死でしゃべっている内容は、なぜ青年には伝わらないのか。

母親と筆者が話し始めると、たとえ最初は一所懸命に母親の口元を見ていた青年も、まもなくあきらめて、遠い目であらぬ方向を見つめ出す。絵に描いたように、みんな同じである。そして、母親と筆者が話している文脈とはまったく異なる話題を口にし始める。独りで笑ったり、怒ったりする青年もいる。

この情景はいったい何を意味するのか。このような状況を作り出した教育とは何なのか？　親と子が喧嘩もできない「現実」と引き替えに、「きこえなくても、努力次第で、健聴者と同じように話せます」という謳《うた》い文句が聴覚障害者に与えたものとは何なのか。

＊

ろう教育において手話が否定されるようになったのは、一八八〇年にミラノで開催された「第二回ろうあ者教育国際会議」以来であるという。この会議は、それまで百年にわたってつづいてきた手話での教育を排し、口話教育に移行すべきであると決議した。手話はろう者を「聾唖《ろうあ》の世界」に閉じこめるものであり、音声言語の習得なくして彼らの幸福はないと考えられたのである。以後、世界的な規模で口話法が広がっていった。

日本では、欧米より約半世紀遅れた大正年間以降、手話を全面否定する口話第一主義が主流となった。聴覚障害教育の目標は日本語の習得であり、それは、日本語の発語訓練と読話訓練を通じてはじめて可能となるという考え方だった。きこえない子どもたちの自然な「話しことば」であったはずの手話を厳しく禁止し、ときには体罰も与えられた。「簡単に意思疎通のできる手話を許してしまえば、子どもたちは安きに流れ、口話をおろそかにしてしまう」というのが手話禁止の主な理由であった。

戦後になって体罰こそ和らいだものの、手話否定の論理は生きつづけた。補聴器の進歩も手伝って、一九六〇年代からは聴覚口話法が主流となった。音をきき分けること、きれいな発音ができるようになること、口話力に基づいて書記日本語を習得することが、聴覚障害児教育、とりわけ幼児期の教育の目標となったのである。その結果、ろう学校幼稚部で訓練を受ける子どもとその親たちにとって、地域の小学校にインテグレーションできるだけの口話力を獲得できるかどうかが重大な試金石となった。

＊＊

一九九〇年の春、ひとりの臨床心理士がろう者の存在に気づき、手話を習い始めた。そして、ろう者の生活や教育史に触れ、生まれてはじめてろう者と話をした。そして、手話を否定してきた口話教育のことを知った。その瞬間、手話のない健聴者家庭のなかにぽつんと独りで存在しているろう児の姿が、筆者の胸に焼きついた。「どうして!?」と問いかけながら――。

あれから十数年。臨床心理士として聴覚障害者に出会ってきた体験は、筆者自身の抱いた疑問にどんな答えを与えてくれたか。それを、この本をとおして書きつづってみたいと思う。

【注】インテグレーション（統合教育）……障害児をふつう学校が受け入れ、障害のない子どもたちと一緒に教育を受けさせる教育方法を言う。日本では、一九六〇年代から、インテグレーション教育が徐々に主流化していった。聴覚障害児の場合は、ろう学校に通うのではなく、聴児と共にふつう学級で学ばせることを意味する。

I

手話という「話しことば」

1 ウルトラマンタロウとウルトラマンレオ

数年前、聴覚障害児の教育を考えるシンポジウムの席で、ろう学校幼稚部に子どもを通わせているお母さんが、こんな話をされた。

私たち健聴の親には、ウルトラマンはみんな同じウルトラマン。一つの手話でくくられてしまいます。でも、うちの子どもがろうの先生といっしょに遊んでいるとき、ウルトラマンタロウとウルトラマンレオは別々の存在として、ちゃんと別々の手話で表現されています。【注1】生き生きとやりとりする様子を見ていると、どうしてあの子がその先生のことを大好きで、どんどん手話が上手になっていくのかがうなずけます。

そのお母さんは、ウルトラマンの「タロウ」と「レオ」の違いが子どもにとっていかに重要な意味をもつかを、よく理解しておられるのだと思った。自分の子どもが関心を寄せるもの、自発的に分化してとらえ、感情的にも特別な意味を与えているものを、親として共有し、心から受けとめていきたいと願っておられた。

あとになってわかったことだが、実は、このエピソードには前章となる出会いがあった。シンポジウムの数カ月前、筆者はあるろう学校に招かれていた。その学校は、幼児期から本格的に手話を取り入れている、日本では数少ないろう学校の一つだった。【注2】幼稚部の教室を見学したとき、筆者は、数人の子どもたちが見事な手話をあやつりながら「談合」している姿を見た。五歳児クラスの自由遊びの時間だった。そのなかでもとりわけ表現豊かな男の子を指して、筆者は、担任の先生に「彼はデフファミリー【注3】の出身ですか?」と尋ねた。筆者はそう確信していた。ところが、先生はにっこりと誇り高く微笑んで、「いえいえ、ご両親共に健聴ですよ。おうちでたったひとりのきこえないお子さんです」と答えられた。私は、本当にびっくりした。

謎が解けたのは、そのクラスのもうひとりの担任の先生がろう者であることを知ったときだった。子どもたちは、ろうの先生の周りにまとわりつくように集まって遊んでいた。彼らの手話は流暢《りゅうちょう》すぎて、筆者には十分読み取れなかった。だが、全身でコミュニケーションしている子どもたちの表現は、見ているだけでこちらも嬉しくなってくるくらい楽しそうだった。

「子どもはこうでなければ」とつぶやきながら、日々の面接で出会っている二十歳代、三十歳代の成人ろう者たちのことを思った。彼らの多くは、かつて、「手は後ろ。口だけでお話ししなさい」と言われて育った人たちである。もし、その時代にもここにいる子どものような体験が許されていたなら、きっと彼らの人生は大きく変わっていただろう……。

シンポジウムで出会ったお母さんは、実は、筆者がデフファミリーの出身児だと思い込んだ、その男の子のお母さんだった。シンポジストの一席に、ひそやかに、しかし堂々と座ったお母さんは、きこえない子を育てる過程で、考え、学び、決断してこられた体験を率直に語り、手話という「話しことば」が、きこえない本人のみならず、きこえない子どもをもった家族にとっても、いかに重要なものであるかを強調された。

どれだけの単語を知っていても、どれだけ発音が明瞭であっても、それぞれの単語の意味が、真の体験に根づき、身体や感情と結びついたものとなっていなければ、それらはけっして、生きる力として役立つことばにはならない。お母さんの語った「ウルトラマンタロウとウルトラマンレオ」の話は、そのことを象徴するエピソードだと思う。

【注1】ウルトラマンタロウとウルトラマンレオの手話表現……それぞれのウルトラマンの頭や顔の形の特徴、あるいはコスチュームの特徴の一部をとらえ、それを手話で象徴的に表現する。子どもたちが遊びのなかで自然に作り出す表現であることが多く、仲間集団において継承されるが、時代によって変化したり、地域によって異なったりするようだ。

【注2】手話言語学の発展……近年、手話言語学の研究が、欧米を中心に画期的な発展を遂げてきた。手話は、手指動作だけでなく、同時に非手指動作と呼ばれる（顔や身体部位の）さまざまな動きを微細に調整しつつ、それを重要な言語要素（文法標識）として使用する言語であることが明らかとなったのである。日本手話に関しても、同様の研究が進み、一九七五年に「日本手話学術研究会」が発足、一九九二年には「日本手話学会」と改称し、ろう者の母語である手話の言語学的研究を推進する研究団体として活動している。また、一九八七年に財団法人全日本ろうあ連盟の内部機構として発足した「日本手話研究所」は、標準日本手話の確定と普及、『日本語―手話辞典』の編集発行、日本手話の構造に関する基礎的研究などに取り組んできた。これらの活動や実績によって、「手話は（音声言語に何ら劣ることのない）一つの立派な言語構造をもった自然言語である」という認識が高まり、手話が言語として日本の社会に認知されるようになってきた。そうした流れが聴覚障害児教育の現場に与えた影響ははかり知れず、この十年、幼少期からの保育・教育に積極的に手話を取り入れるろう学校や難聴児通園施設が増えつつある。

【注3】デフファミリー（ろう家族）……ろう者のみ、もしくはろう者を含むメンバーによって構成され、手話が家庭内の共通言語として使用されている家族を言う。手話だけでなく、ろう者に特有の生活習慣やろう文化も、家族内の年長者から年少者（親から子）へと伝

達される。デフファミリーに生まれたろう児が、聴者からみると複雑で難解な手話言語をごく自然に習得していく事実はよく知られている。

2 「人とかかわる能力」の始まり

子どものことを以前のように可愛いと思えなくなってしまったんです。難聴が発見されるまでは、この子といっしょにいることが、あんなに幸せで、楽しくてたまらなかったのに……。

一歳半になる男の子、コウジの母親の訴えだった。

母親たちのこうした戸惑いは、珍しいことではない。筆者はこれまで、多くの母親から同様の声をきいてきた。わが子の聴覚障害がわかったときから、子どもに対するあり方が一変してしまったという。その瞬間までは、「きこえている」という（良い意味での）思い込みのなかで、当たり前で自然な母親機能が働いていたのに……。育児を放棄してしまったという意味ではない。おむつを替え、食事を与え、服装を整えるといった世話はきちんとできるのだが、「心が動かない」のだ。ここで「停止してしまった」母親機能とは、情緒的なやりとりやプレイフルなかかわり、つまり、子どもにとってコミュニケーション発達の基盤となる体験の提供である。

生まれたばかりの赤ちゃんをもつ母親たちを見ていると、世話をしながら、いっしょに寝転がりながら、赤ちゃんと会話している。そのときの母親の様子を観察すれば、彼女らがどれほど豊かな身体表現を使いこなしているかがわかる。聴者である母親の口からは、もちろん音声言語が自然に発せられるが、顔の表情、手や腕の動き、首のかしげ方、肩の上げ下げ、背中を丸めたり大きく反《そ》らせたりする姿勢の変化など、母親はコミュニケーションのチャンネルをふんだんに使って赤ちゃんに接している。

まだおしゃべりもできず、反応もけっして活発とは言えない赤ちゃんを相手に、自ら楽しんで話しかけている母親は、まさに「やりとり」を始めている。豊富なコミュニケーション媒体を用いて子どもにかかわれる母親たちは、赤ちゃんの発する信号を読み取ることにも長《た》けている。子どもの表情の微妙な変化、手足の動き、身体の弛緩《しかん》、そういったものをコミュニケーション媒体として受けとめ、そこに意味を見出す。そして、見出した意味に対して、また新しい表現を返していく。このようにして、かかわり合っている者同士が分かち合う文脈が生まれてくる。赤ちゃんは、母親からもたらされる刺激の一つひとつを受けとめるうちに、やがて、自分がそれらの刺激や反応を引き出すことのできる存在であることを知っていく。これが、「人とかかわる」能力の発達にとってとても重要な点である。自分の表現を待っている存在がいることに気づき、自分の表現が意味あるものとして理解されることを知り、その意味に対して、次の反応や刺激がもたらされることを知る。さらに、相手から届いた表現に対しては、自分もまた反応できる存在であることがわかる。こうしてコミュニケーションが始まるのである。

この点について言えば、赤ちゃんがきこえていても、きこえていなくても、根本的な違いはない。乳幼児研究で有名なアメリカの児童精神科医、R・N・エムディは、「発達早期の母子間のかかわりにおけるコミュニケーションで、何が最もよく伝わるかと言えば、母親の感情内容に彩られた情緒状態そのものである」と述べている。それゆえに、この時期には、母親が情緒的に安定した状態で、子どもとのかかわりに楽しんで没頭できる環境こそが大切である。

従来は、この時期に子どもの聴覚障害が発見されることは稀《まれ》であった。したがって、多くの母親は、わが子の聴覚障害を知らずに、「きこえている」と信じてかかわりを始めていたのだと思う。それは、きこえない子どもにとっての人生のスタート、母親にとっての子育てのスタートにとって、むしろ幸運なことであったと言えるかもしれない。なぜなら、上述したような母子間のやりとりが、自然に展開していた可能性が高いからである。ただし、本当の意味で「幸運であった」と言えるのは、のちに子どもの聴覚障害が発見された時点で、「母子関係の展開を最大限に優先、重視し、子どものきこえの現実から目をそらさず、彼らがきこえない子として、ありのままに育っていくことを保障しようとする立場」に立った援助の声に出会えた場合である。もしも、子どもの聴覚障害の発見が、「残存聴力の活用」「発声訓練」の重視にかたよった療育体制のなかで、「日本語第一」「母親の努力次第」「口話の偏重」という流れにつながってしまったなら、それ以前に培《つちか》った母子関係は別の路線を走り出してしまうかもしれない。過去にはそうした例があとを絶たなかった。

コウジの母親は、本来、子どもと遊ぶことが大好きで、ノンバーヴァルなコミュニケーション【注】媒体を自然に使いこなすタイプの女性だった。そのことのすばらしさ、大切さを話し合い、コウジが誕生した日からこれまで、母親がどれだけ価値のある体験をコウジに提供してきたか、「ことば」の発達の道筋をいっしょに歩んできたかを確認することから、筆者の母親支援は始まった。

きこえない子どもたちの「人とかかわる能力」の芽を摘まないために、母親たちの心の機能を守りたい。筆者はそう思っている。

【注】ノンバーヴァル・コミュニケーション（非言語コミュニケーション）……表情、身振り、声の高さや抑揚、肩の上げ下げ、上半身の向きの変化など、発話を修飾し、豊かにし、内容を伝わりやすくする働きをもつコミュニケーション手段を指す。

3 この子が思春期を迎えるとき…

知也は、電車と駆けっこの大好きな男の子だった。両親の愛情をいっぱいに受けて、一つ年下の弟と共にすくすくと育っていた。ところが、幼稚園に通い始めて二年目の秋、突然の高熱にみまわれた知也は、両耳の聴力を失ってしまった。「息子の耳がきこえなくなった。自分たちの声はこれまでのようにこの子には届かない」と知らされたとき、両親は、何の実感ももてなかったという。ふたりが知也の失聴を心底自覚したのは、混乱した知也が、狂ったように頭を壁に打ちつけて泣き叫んだ時だった。

三日間泣きつづけた知也は、やがて、坐りこんだまま動かなくなった。表情を失い、食欲も衰えた。近くにあった積み木に触れると、力無く積み上げては壊し、積み上げては壊し……をくり返していた。そして、時折、音もなく泣いた。彼の積み上げる積み木は五つまでで、必ずそこで手を止めると、一息おいて崩してしまうのだった。おそらく、突然の失聴によって、知也の心は「死」を体験していたのだろう。五つまでしか積めない積み木は、彼の人生が五歳で途切れてしまったと語っているようだった。

「今の私にできるのは、この子が六つ目の積み木を積めるときまで待ってやることだけだ」と感じた母親は、黙って知也に寄り添っていた。しばらくすると、知也は視線を上げて母親の目を見るようになった。きっと、母親の瞳の中に映った知也自身の姿を見つけたのだろう。知也はほんの少し微笑んだ。

知也が六つ目の積み木を積んだ瞬間、母親はあふれ出す涙を抑えきれず、知也を抱きしめて言った。「そうよ、知也。ママはここにいるのよ。知也がきこえなくなっても、ママはずっとずっと知也のママ。知也はパパとママの大切な知也。生きようね！」と。

両親の愛情に支えられて、知也は徐々に元気を取り戻していった。少し弱々しいけれど、きれいな発音で話しつづけ、両親の口の動きを見事に読み始めた。そして、間もなく、幼稚園にも復帰した。

＊

耳鼻科の医師に紹介されて、母親は知也をつれてろう学校を訪れた。きこえない子の教育についてアドバイスを求めるためだった。対応してくれた担当の先生は、「とにかく早く補聴器を付けて、音をきく練習をしてください」と言った。母親が手話について尋ねると、「今の知也くんには必要ないと思います。手話は後になってもできますから、まずは口話を大切にして学習を進めてください」と答えたという。両親はそのことばに従い、母親はできる限りの時間を知也のために割いて、絵本を読み聞かせ、語りかけを心がけた。知也は、そうやって過ごす母親との時間を楽しみ、活字好きな子どもに成長していった。

けれど、母親の心にはいつも、「本当にこれでいいのだろうか？」という疑問があった。伝えてやりたいこと、教えてやりたいことがいっぱいあるのに、きこえない子に口話だけで理解させようとすることには、どうしても限界がある。知也が成長し、複雑なことも理解できるようになってくるに従って、母親の疑問は深刻さを増した。ある日、「どうして？」と問うた知也への返答に詰まった母親は、苛立つ自分を自覚して、「こんなことで良いはずはない。たった五歳のこの子にも、伝えきれないことがいっぱいある。この先、この子が思春期を迎える頃、私や夫は親として知也と十分に話し合えるようになるのだろうか。きこえる親子同士であっても、なかなか理解し合えない難しい時期を、私たち親子はどうやって乗り越えていくのだろう」と不安に感じた。

さらに、母親の心には、もう一つ気がかりなことがあった。それは、次男についてだった。知也と弟の仲はけっして悪いわけではない。まだ幼いふたりは、ブロックをしたり、追いかけっこをしたり、最近は「おうちごっこ」や「けいさつごっこ」も一緒にやっている。発話のできる知也だけに、きょうだいの遊びはそれなりに展開しているように見えた。しかし、よく観察すると、知也と弟の会話はかみ合っていない。弟の発言とは関係なく、知也は自分のペースで動き、話している。弟は何度となく兄に話しかける。兄から期待した反応が戻ってこないこと、自分の発言が（結果的に）無視されてしまうことを、「この子はどう感じているのだろうか……」。そう思いながら次男の表情を見つめるうち、母親は「失意」「無力感」「怒り」「あきらめ」の入り混じった感情に襲われていたたまれなくなった。「やはり、このままではいけない」。きこえないという障害をもって生きていく知也、きこえない兄をもって生きていく弟だからこそ、二人にはきょうだいとして何でも語り合い、自由に思いをぶつけ、理解し合える関係を築いてほしい。その気持ちは、父親も同じだった。

こう考える知也の家族から、手話を遠ざける必要がどこにあるのだろうか。わが子との心の絆、子どもたちの絆を確かなものにしたいと望む両親にとって、手話は何よりの味方となるにちがいない。少なくとも筆者は、きこえない人々との出会いをとおしてそう教えられた。

＊＊

きこえる私たちは、幼いときから、さまざまな文脈の中で多くのことばに触れて育つ。前後の文脈や声のトーンや語り手の表情から、そうしたことばの意味を身体と心で受けとめる。とりわけ、感情とつながることばは、こうした体験のなかでこそ、息づいた「ことば」となる。きこえる者の心に自然に流れ込んでくる会話や物語のように、きこえない子の心にもそれらは届かなければならない。それは、耳からではなく「目」からであろう。彼らは、健聴者には想像できないくらい目で生きている。したがって、彼らから手話を取り上げるわけにはいかないのだ。きこえない子どもたちが、洗練された正しい手話で豊かな内容を的確に伝える力を習得することは、高度な日本語の読み書きを習得することと同じくらい――あるいは、それ以上に――大切なことだと思う。そして、確かな手話力は「日本語」や他教科の学習を阻害するどころか、さまざまな面で促進的に働くことを近年の実践研究が明らかにしている。

＊＊＊

知也の両親は、手話サークルに通い始めた。そこで知り合ったろう者を家庭に招き、知也や弟を交えてお茶を楽しんだり、いっしょに遊んだりするようになった。知也は、ろう者が手話で読み聞かせてくれる物語に食い入るように熱中した。最初は尻込みした弟も、ほどなく手話を使い始め、両親の手話は少しずつ上達した。それは、知也の家族がろう文化へと開かれていく歴史の幕開けだった。

4 ぼく、大きくなったらきこえるようになるの？

尚太は両耳が九〇デシベル前後の難聴児【注】である。週の半分はろう学校の幼稚部に通学し、聴能と発話の訓練を受けている。残りの半分は、ふつう幼稚園に通っている。来春からは、地域のふつう小学校にインテグレーションする予定だ。きこえる子どもばかりの幼稚園にも喜んで通い、友だちとも楽しんで遊んでいるので、両親は「尚太は大丈夫だろう」と思っていた。ところが、ある日、尚太が「ねえ、おかあさん。ぼく、大きくなったらきこえるようになるんだよね？」と、母親に話しかけた。母親は驚きとショックで、返すことばに詰まってしまった。まさか自分の息子がそんなふうに考えているなんて、想像もしていなかったのだ。その晩、母親と父親は話し合った。難聴の息子が難聴者として生きていくことを、自分たちはどうとらえ、息子にどう教えようとしてきたのか、深く反省させられた。子どものためにと言いながら、いつしか、耳のきこえない息子が、健聴である自分たちのそばで、自分たちと同じように振る舞ってくれることを望んでしまっていた。ふたりして「難聴児の親の会」の運営に積極的にかかわりながら、自分たちはいったい何をしてきたのだろうかと、両親の胸は痛んだという。

意外にも多くのきこえない子どもたちが、自分も大人になったら、お父さんやお母さんと同じようにきこえるようになるだろうと、漠然と思っている。筆者がはじめてこうした話をきいたとき、アンデルセンの有名な童話「みにくいアヒルの子」を想い出した。

いつもひとりぼっちだった灰色の羽の子は、どうして自分だけがみんなと違うのかと悩み、「でも、いつかは、ぼくもみんなと同じ黄色い羽になるんだよね」と願った。子ども心に、この願いは寂しく、悲しく響いた。「ぼくも、お母さんやお父さん、兄さんや姉さんたちと同じ、黄色い羽になりたい」という祈りが切なかった。灰色の羽をした「みにくいアヒルの子」の結末は、やはり黄色い羽のアヒルにはなれなかった。けれど、美しい白鳥になって、ようやく巡り会えた仲間たちと共に空へと飛び立っていった。

だけど、本当にこれで「めでたし」なのだろうか？

健聴の家族に生まれ、お父さんもお母さんも、おじいちゃんもおばあちゃんも、きょうだいも友だちも、みんながきこえるなかに、独りぽつんと「きこえない子」として存在したら、しかも、周りが「あなたは難聴だけれど、少しでもきこえるように」「あなたはきこえないけれど、少しでもきれいな声を出せるように」と教えたら、きこえない子は「いつかは、ぼくもみんなと同じようにきこえる耳をもちたいなあ」と願うだろう。そして、「こんなにがんばっているんだから、いつかは、わたしもきこえるようになるはずだ」と信じるだろう。

いつかアヒルになりたいと願っていた「アヒルの子」は、実は、アヒルではなかった。大きくなって、白鳥になった。

いつか健聴者になりたいと願っている「健聴家族の子」は、どうなるの？

大きくなって、実は、いつまでたっても健聴にはなれないのだとわかったとき、美しい立派なろう者になるの？

筆者がきいてきた現実は、けっしてそんな「めでたし」の結末ではなかった。

口話教育のなかで「健聴者に少しでも近づき」「健聴者のように」生きることを目指した聴覚障害者の多くが、その後のつまずきと苦悩をこう伝えている。「もう間に合わない。自分は、健聴者でもなければ、ろう者でもない。どんなに努力しても、健聴者のように速く、スムーズに口話で話すことはできない。一方、ろう者のように流暢《りゅうちょう》な手話もあやつれない。どっちつかずの中途半端な存在になってしまった」と――。

二度と取り戻せない人生を費やした彼らの体験に対して、私たちは真摯《しんし》に耳と心を傾けなければならない。アンデルセンは、「どんなに苦しくとも、あきらめずに生きれば、必ず幸せになれる」ことを教えたかったのかもしれない。けれど、自分たちと同じでないことを「みにくい」としか思えなかったアヒルたちの過ちに学ぶなら、私たちは、良識ある大人として、きこえない子どもたちを「きこえない」存在として、ありのままに認めることからすべてを始めたいと思う。

【注】九〇デシベル前後の難聴……デシベル（dB）は音の強さの尺度。〇《ゼロ》デシベルが、健聴者が聴取できる音の最小の強さである。一般的には、きき取れる音の最小の強さが九〇デシベル以上になると、大部分の音がきこえない（最重度の障害）と言われている。ただし、補聴機器使用による補聴効果には個人差がある。

5
「関係性」を生きる

　心理学で言う〈自我〉とは、さまざまな機能を働かせて、自分自身や周りの世界を意識する主体のことを指す。つまり、〈私〉である。そうした自我の働きをとおして体験された内容が、〈自己〉を形成していく。〈自己〉と呼ばれるものは、人が生まれてから今日まで、多くの体験をとおして学び、感じ、取り入れてきた内容の総体なのである。したがって、〈自己像〉は、個人が自分をどのようなものとして体験してきたかに関する総合的なイメージということになる。

　このようにとらえると、「豊かな自己像を育てる」といった表現も、子育てや教育の具体的な目標として息づいてくるように思う。それでは、意味のある、印象深い内容として、我々の心に留まることのできる体験とは、いったいどのようなものなのだろうか。

＊

　先日、あるろう学校を訪れ、小学部の先生とお話しする機会を得た。乳幼児期の母子支援にも力を入れ、幼稚部から手話を共通語とする教育を行っているろう学校であった。その学校の小学部高学年の子どもたちが、最近、修学旅行で奈良を訪れたそうだ。先生方は、子どもたちに、古都を満喫し、いろいろな経験をしてもらいたいと願って、東大寺の大仏、奈良公園の鹿……と企画に努められた。修学旅行から戻った子どもたちは、数日後の報告会で、保護者や下級生に旅行の体験を発表することになった。すると、どの子もどの子も、「奈良のろう学校に行きました」「奈良ろう学校の生徒と話をしました」「奈良ろう学校でいっしょに遊んで、友だちができました」と語ったのだという。奈良ろう学校は、早期手話導入による教育実践を展開してきたことで、一般によく知られているろう学校である。

「もっといろんな体験をしたはずですのにねえ。みんながそろって〝奈良ろう学校〟って言うんですよ……」と苦笑しながらも、そう伝えてくださった先生は、少しもがっかりした様子には見えなかった。おそらく、旅先できこえない同年の仲間に出会い、手話で思い切り語り合うことができた子どもたちの喜びを、先生は自分のことのように嬉しく受けとめておられたのだと思う。

＊＊

このエピソードは、子どもたちにとって「関係性」に彩られた体験がいかに大切で、印象的であるかを物語っている。大きな鞄を抱え、バスと列車を乗り継いでたどり着いた土地、そこで出会ったきこえない仲間と共に過ごした時間は、「奈良の大仏さんより大きかった!!」ということだろう。のちに、人が小説や映画のなかに登場する人物の生き方に感激したり、友人たちの体験に心を寄せることをとおして、自らの体験の幅を広げていくことができるのも、子ども時代に味わうそうした「関係性」体験が基盤になっている。それはまさに、「豊かな自己を育てる」ことでもある。

生涯発達という視点から、人の一生を八つの段階に分けて論じ、それぞれの段階が有する発達課題を明らかにしたことで有名な心理学者に、E・エリクソンという人がいる。彼の「アイデンティティ」の概念が紹介されたことで、日本でもよく知られる存在となった。エリクソンによれば、人生の最後の段階である「老年期」に大切な課題は、己が人生において学び、培《つちか》い、成し遂げてきたものが、次の時代の人々のなかに留まり、生かされていくことを実感できることだという。「たとえ私の身は滅んでも、私の存在は、この人（たち）の心の中で生きつづけるのだ」という感覚は、人生の終焉を迎えようとする者たちに、安堵や納得といった体験をもたらすのだろう。そして、このような体験が可能となるためには、人生というプロセスのなかで「関係性」という営みをどのように積み重ねてその瞬間に至るかが鍵となる。

「関係性」を生きる能力について考えることは、子どもたちの一生を応援することにつながる。そうした視点から養育や教育に携わるとき、かかわり手自身の「関係性」能力が磨かれていく。子どもと大人、かかわられる者とかかわる者が、共に学び合いながら成長する姿を、「相互性《ミューチュアリティ》」と呼んで重視したのもエリクソンである。

6 ゴミ箱に散ったお弁当の「傷」

運動会の朝だった。母親は早めに起きると、張り切ってお弁当を準備した。ふだんは目覚めの悪いワタルも、飛び跳ねるようにして布団から立ち上がった。いつもとは違う日、母も子も教室での「お勉強」から解放される日になるはずだった。

テーブルの上の大きな弁当箱には、色とりどりのおかずが並んでいた。それを見てワタルは歓声をあげた。「チュゴイ、チュゴイ！　オオチイアマゴアチ～！」ワタルは卵が大好きだった。

流し台に向かっていた母親の手が止まった。ワタルのほうを振り返ると、母親は「ワタルくん、アマゴアチじゃないわよ。タマゴヤキ。タマゴヤキよ。わかった？　言ってごらん」と言った。運動会への期待に浮かれていたワタルは、身体を弾ませたままで、「アマゴアチ」と応じた。「ちがうわ。いい？　タよ。ヤよ。タマゴヤキ。もう一度言ってごらん」とうながす母親の声は、さっきよりも大きく、鋭かった。母親の目の真剣さに気づいたのだろう。ワタルの表情が曇った。

スイッチが入ってしまったのだ……。「ダメ！　そうじゃないの！」「ちゃんとききなさい！」

「何度言ったらわかるの⁉」　母親の声が家のなかに響いた。

居間で新聞を読んでいた父親が様子を見にきたとき、泣きじゃくるワタルと、頭を抱えて立ちすくむ母親がそこにいた。「どうしたんだ⁉　運動会の……」と、ふたりをなだめようとした父親だったが、その目が床に転がった弁当箱と散らばったおかずを発見したとき、ことばは途切れてしまった。父親はワタルを抱き上げると、黙って頭を撫《な》でた。それから、母親にワタルを渡し、「向こうへ行っていなさい」と言った。散らかった床を掃除できるのは、父親しかいなかった。

練習を重ねてきた運動会、腕によりをかけたお弁当。母親だって楽しみにしていたのだ。けれど、その母親がいつもの「訓練士」モードに陥ってしまったとたん、彼女の心は「発声」の虜《とりこ》と化した。気づいたときには、「ちゃんとできないんだったら、運動会になんて出なくてよろしい！」と叫びながら、出来上がったばかりの弁当をゴミ箱に投げつけていた。

＊

「なんてことでしょうねえ。ワタルはどんなにつらかったことか……。でも、あのころは、母親である自分のしんどさ、苦しさで心の中がいっぱいでしたから、ワタルの気持ちにまでは思いが至らなかったのです」。

まもなく三十歳を迎えようとする長男ワタルの母親が、二十五年前の運動会の日の出来事をこうして語ってくれたのは、彼女が筆者のもとにカウンセリングに通い始めてから三年が過ぎたころだった。

ワタルの聴覚障害が明らかとなって、ろう学校幼稚部に入学してから、母親は自分の生活の全エネルギーをワタルのために注いだ。きこえない存在に対する世の中の理解はほとんどなかった。社会は今よりももっと「きこえるのが当たり前」のなかで動いていた。親身になってかかわり、助言してくれるのは、ろう学校幼稚部の先生だけだった。「この子をしゃべれるようにしてくれるのは、先生方しかいない。頼れるのは先生方だけ」と思ったとき、母親の耳は外の誰のことばも受けつけなくなったという。気がつくと、「お母さんのがんばりで、ワタルくんのことばは伸びてきましたね」と先生にほめられ、「ワタルくんのお母さんのようにがんばってください」とモデルにされるような、「口話訓練に熱心な母親」になっていた。

障害児をもつ多くの母親がそうであるように、ワタルの母親も子どもの聴覚障害をどこかで「自分のせい」だと感じていた。実際には、誰も母親を責めたりはしなかった。しかし、母親は常に、彼女を「責める声」に苦しめられていた。それはまぎれもなく、彼女自身の心の声だった。自分の心に囚《とら》われ、がんじがらめになっていた。だからこそ、傷ついた心を支えるために、母親は「もっともっと良い母親（＝わが子にことばを教える存在）」になろうとしたのだと思う。

「あのころの私は、夫がどんな仕事をしているのかも、どんな人たちと付き合っているのかも、何も知りませんでした。関心がなかったのです。もちろん食事の支度や洗濯などはしていましたけれど、私の心は一〇〇％ワタルの勉強のことで占められていました。その時分、夫はパチンコに夢中でした。きっと寂しかったのでしょうね。でも、私はピリピリ尖っていましたので、声もかけられなかったと思いますよ……」と、母親は苦笑いをした。

「自分自身の人生への後悔には、なんとか耐えていけます。でも、わが子の人生への後悔は、生傷に塩をすり込みつづけるような痛みを背負って生きていくことです」と、彼女は言った。

多くの母親たちが、その胸に、けっして癒えない「傷」を刻んで生きている。

7 問題の顕在化・低齢化と「手話」

ろう学校の先生方と交流する機会が増えるにつれて、それぞれの学校が心理的な困難を示す生徒を少なからず抱え、ときにはその対応に窮していることを知るようになった。そんななかで、かつての厳しい口話主義教育を見直し、幼少期からの手話導入に取り組んできたろう学校の先生から、「以前は、高等部での問題が中心だったのに、最近になって、中学部、小学部からもいろんな問題が出てきている」という報告をきく。問題というのは、不登校、親や教師への反抗、友人関係のいざこざ、万引き、性的逸脱行為、リストカットなどである。手話の必要性を認識し、きこえない子どもたちのありのままの姿を肯定的に認めようとしてきたにもかかわらず、「どうして問題が増えるのか?」「その理由をどう考えたらいいのか?」と悩む先生もおられる。

いわゆる「ふつう校」においては、かなり以前から話題となってきた問題が、ろう学校においても同様に見られるようになったととらえるとき、筆者は、ろう学校における問題行動の増加や低齢化を、一概に、悪い兆候だとは思わない。個人を大切にする臨床活動のなかでは、個別性を重視する姿勢はもちろん必要だが、同時に、「ふつう」と同じであることの良さや有り難さにも気づかされる。

筆者がカウンセリングをとおして出会ってきた成人聴覚障害者の多くは、高等部にいたころに、登校渋り、母親への暴力、外出拒否、クラスでの孤立、被害的な訴えなどを体験していた。さらに面接を重ね、家族との話し合いをつづけると、「そういえば……」というかたちで、「中学部時代に、ときおり自傷行為が見られた」「小学部高学年のころ、頭から布団をかぶって部屋から出てこないことがあった」「低学年のころ、しばしば幼い妹をつねったり叩いたりした」「幼稚部時代、夜泣きがとてもひどかった」などのエピソードが語られる。問題の芽はずっと以前にあって、子どもたちはちゃんとサインを出していた。問題行動というサインをとおして、子どもたちは何を訴えたかったのか？　何に気づいてほしかったのか？　多くの場合、子どもたち自身も「よくわからなかった」のだと思う。そこでは、子どもと大人が力を合わせて、互いに歩み寄り、ことばを交し合って、その理由をいっしょに見つけ出していく作業が必要なのだろう。けれども、残念ながら、そのやりとりに不可欠な、自由で対等な話しことばを、彼らはもっていなかった。

かつてに比べると、今のきこえない子どもたちは、程度の差はあれ、手話という自分たちのことばの存在に触れ、語れる自分、わかってほしい自分を自覚している。このことが、さまざまな問題の顕在化、低齢化に関係していると考えられないだろうか。

筆者は、二〇〇〇年秋から一年間、ニューヨークにあるろう学校、レキシントン・スクールで研修したが、その学校も、かつては徹底した口話主義教育で知られていた。そこで最初に、子どもたちの心の問題に気づき、きこえない子どもたちの心理的な健康と人格形成のためには手話を補償することが重要だと主張したのは、スクールカウンセラー、ソーシャルワーカー、手話通訳者らであった。現在は、公用語としての手話があふれるレキシントン・スクールだが、二十数年前、はじめて子どもたちと手話で面接した心理士は、とても勇敢だった。「手話を使っていることが外部に漏れないように」と、面接室の窓ガラスを紙で覆っていたという逸話が残っている。

当時をよく知る心理士の一人、スー・コラッド先生に出会った。もともとは手話通訳者としてレキシントンでの面接に立ち会い、手話の否定と共に置き去りにされてきた子どもたちの心の問題に疑問を抱き、心理学と精神分析を学び始めたという人だった。アメリカにおける聴覚障害者心理臨床の先駆者として仕事をしてきた彼女が、二十年間に体験し、考え、訴えてきた内容は、太平洋をはさんだ日本で、筆者が体験したどり着いた内容と、驚くほど一致していた。

筆者がカウンセラーという立場でお会いする聴覚障害者も、最近は、ずいぶんと低齢化した。子どものことでお母さんが相談に来られる場合も、子どもは通園施設やろう学校の幼稚部、小学部に在籍中であることが多い。筆者は、こうした変化をけっして悲観せず、むしろ歓迎すべき傾向だととらえている。幼い心ほど、柔軟で、回復力が強い。そして、その力は、親の心をも柔軟にする。心理療法にとって、それは最大の秘薬である。かつては、必死でもがいても届かなかった子どもたちの悲鳴が、今ようやく、大人の心に届くようになったのだと信じて、「そうであった」と言えるような仕事を、ろう学校の先生方と連携し、本人や家族と共にしていきたいと思う。

II

きこえない人々の心に触れて

1

「きこえなかったら言いなさい！」

ユキは、高校一年生の春、ろう学校に戻ってきた。幼稚部と小学部低学年をろう学校で過ごし、重度の難聴にもかかわらず口話のよくできた彼女は、三年生のときから地元の小学校にインテグレーションした。その後の記憶は定かでないのだと、ユキは言う。気がつくと、中学生になっていた。

中学二年のある日、彼女は「もう学校には行かない」と母親に告げた。どうしたのかと尋ねる母親に、ユキは固く口を閉ざした。

ユキはいつも独りぼっちだった。

ユキさん、次の時間は理科室に移動だって。

ああ、理科室ね。ありがとう。

彼女にできた会話は、席の近いクラスメートとの、たったひとこと、ふたことのこうしたやりとりだけだった。授業中の先生の説明も、級友の発言も、ユキには「本当に理解できた」と思えたことは一度もなかった。きき取ること(あるいは読み取ること)のできたいくつかの単語を、自分の頭のなかでつなげて、懸命に意味を見出していた。利発なユキは、文脈を頼りに、何とか流れについていこうと頑張ってきた。しかし、それは、危ない綱渡りをつづけているようなものだった。

ユキは疲れていた。ホームルームの時間、周りのみんなが一斉に笑うとき、おかしくもないのに笑ったふりをする自分が情けなく感じられてきた。授業中、みんなが挙手するとき、「何なの……?!」と不安に思いながらも、目立たぬように半分だけ手を挙げる自分にも嫌気がさしていた。

体育祭が近づいたある日、リレーの早朝練習に出かけたのに、教室にたどり着いたらたった独り。前日の終礼で「中止」の連絡があったのを、ユキは知らなかった。

ユキが「もう学校には行かない」と言い出したのは、その翌朝だった。重い口を開いて、ようやくユキが前日の出来事について話したとき、母親は言った。「だからいつも言ってるでしょ!きこえなかったらきこえないって言いなさいって……」と。次の瞬間、ユキは切れた。「うるさい! お母さんなんて大嫌い!」と叫んで、近くにあった雑誌を母親に投げつけると、そのまま自室に籠もってしまった。

それからしばらくして、ユキは筆者のもとに相談に訪れた。時間をかけて、とつとつと語る彼女の話に耳を傾けながら、筆者はユキの心の叫びをきいた気がした。

ユキはきこえない。生まれたときからきこえないのよ。
それなのに、どうしてお母さんや先生は、
「きこえなかったらきこえないって言いなさい！」って私を責めるの？
ユキはきこえないいんだって言ってるのに、
どうして「きこえなかったら」って言うの？

たとえ補聴器を付けて音をきき分ける訓練を受けた聴覚障害者であっても、話されたことが自分に関係する内容であったのか、自分の理解が本当に正しいのか、自分がきき落とした点はなかったのか、そういったことをすべて明らかにしようと思えば、すべてを「きき直す」必要がある。しかし、健聴者に囲まれた状況で、聴覚障害者がすべての会話を確認することなどできるはずがない。したがって、聴覚障害者に対して、「きこえなかったら……」などと仮定すること自体がナンセンスである。それゆえ、きこえる子どもばかりの教室で、きこえない子どもがたったひとりで学ぶことは、よほどの理解と補償がないかぎり、難しいことなのだ。
中学三年生の晩秋、ずっと不登校状態のつづいていたユキが、「ろう学校に戻ろうかな」と言い始めた。久しぶりに訪ねたろう学校の保健室で、なつかしい養護教諭の先生に「手話を勉強して戻っておいでね。待ってるよ」と言ってもらった。それをきっかけに、筆者との面接のなかで、それまでは動かなかった彼女の手が動き始めた。

ろう学校高等部に進学したユキは、その後もしばらくは、つづけて面接にやってきた。みるみる上達する手話で話す彼女は、はじめて会った日とは別人のように溌溂《はつらつ》としていた。ユキが伝えてくれる話のなかに、クラスメートや先生との生きたやりとりがあり、そうした体験をとおして考え、成長する彼女自身の姿があった。

ある日、ユキはいたずらっぽい笑みをのぞかせながら、こう言った。

あのね。ろう学校では、
「見えなかったら見えないって言いなさい」って叱られるのよ。

ユキは、このことばに出会うためにろう学校に戻ったのだ。筆者にはそう感じられた。

2 コーラス大会の朝

朝、定時に家を出ると、秋子はいつもとは逆向きの電車に乗った。向かう先は市立図書館だった。「今日は夕方までそこで過ごそう」と決めていた。

その日、秋子の通う高校では、学園祭のコーラス大会の予選が予定されていた。一年生の秋子にとって、入学してはじめてのコーラス大会だった。けれど、秋子はかなり以前から、「その日は休む」と心を固めていた。

中学の三年間も、毎年コーラス大会はやってきた。そのときのことを思い出すと、秋子の胸は痛み、吐き気さえおぼえた。秋子は両耳共に一〇〇デシベルを超す難聴である。だが、補聴器がよく合い、幼いころからの勘の良さで、ろう学校幼稚部で口話訓練を受け始めたときから、「秋子ちゃんは（失聴度が）重いのに、きれいな声が出るわね」と誉められて育った。小学校は難聴学級に通い、一般の中学にインテグレーションした。

中学一年、はじめてのコーラス大会の練習をしていたとき、担任の先生が「秋子さん、おしゃべりするときと歌うときとでは、発声の仕方が違うのよ」と言った。言われたことの意味が理解できずに戸惑いの表情を見せた秋子に、先生は、「小さな声で歌えばいいわ」と告げた。

三歳で口話訓練が始まったときから、常に、「秋子ちゃん、お声はどうしたの?」「はっきりと、大きな声を出しなさい」と教えられてきた。小さくてあいまいな声だと、母親が振り返ってくれないときもあった。だから、秋子は大きな声で一所懸命歌っていたのだ。にもかかわらず、先生に「小さな声で」と言われたとき、秋子はこう思ったという。「ああ、そうなのかぁ。健聴の人たちは、おしゃべりするときは大きな声を出して、歌うときは小さな声を出すんだ」と……。

ところが、中学二年のとき、小さな声で歌っていた秋子に向かって、ひとりの男子生徒が言った。「おまえがいたら、どんなに練習したって、このクラスは勝てるわけがない。人の迷惑ってものを考えろ!」周りの生徒たちは、困った顔をして秋子から目をそらした。それでも、秋子には言われたことの意味がわからなかった。放課後、親しい女生徒から、「秋子、声を出さないで口パクにしたら?」と勧められたとき、秋子ははじめて「事の次第」を理解したのだ。「私の声は邪魔なんだ。私の声はおかしいんだ。自分としては、皆の声とズレないように気を遣いながらがんばっていたけれど、そのがんばりが迷惑だったんだ」。

中学三年のときは、最初から口パクだった。それでも、練習には欠かさず参加して、声を出していないことがバレないようにうまく口パクをしようとがんばった。そして、三回目の大会が終わった日、「もうこれでおしまいだ」と心から安堵した。

高校では、音楽は選択科目だった。美術を選んだ秋子は、人前で歌うことはなくなった。だが、学園祭にはやっぱりコーラスがあった。そのことを知ったとき、秋子は「私にはもうがんばる気力はない」と思った。だから、はじめから「当日は休む」と決めたのだ。

その夜、担任教師からの電話を受けた母親は、どうして学校を休んだのかと秋子を問いただした。けれど、秋子は何も答えなかった。

翌日、担任の先生に呼ばれた秋子は、開口一番「すみませんでした」と謝った。それはけっして、心のこもった謝罪ではなかった。先生は柔らかい表情で、「あなたの心はすまないなんて、これっぽっちも思っていないようだわ。むしろ、私には怒っているように感じられるのだけれど……」と応えた。「え?!」と視線を上げた秋子に、先生のことばはつづいた。「私はね、秋子さんがコーラス大会に参加することを、本当にそれで良いのかしらと疑問に思っていたの。私だったら、きっとイヤだろうなって。だけど、それは私が決めることではないと考えて黙っていた。でも、私は間違っていたと思う。私の思いを正直にあなたに伝えて、話し合うべきだったわ。ごめんなさいね」。そう言って先生が頭を下げたとき、秋子の目が真っ赤になって、堰を切ったように涙がこぼれた。

秋子に手話を勧めたのは、先生だった。同時に、先生と親しい級友たちも手話を学び始めた。そして、秋子は自分自身と周りの人々との関係が少しずつ変わっていくのを感じていた。二年も、三年も、秋子はコーラス大会のステージには立たなかった。しかし、彼女の心はみんなと共にあった。

誰かに心から謝ってもらえたとき、前に向かって歩み始められる人々がいる。

3 爆発的な行動化

厄介な行動を繰り返すことが問題となって、心理相談に紹介される聴覚障害者の状態を知ると、「どうしてそこまでするのだろう!?」と、首をかしげたくなることが少なくない。やがて、この疑問は、「どうしてそこまでしなければならなくなったのか?」という問いへと向かう。

交差点の真ん中で大の字に寝転がった。

交番に駆け込んで「親が私を殺そうとしている。助けて!」と警察官に詰め寄った。

同僚と言い争いになって職場を飛び出すと、人通りの多い道端で、突然服を脱ぎ始めた。

聴覚障害者の心理的ケアにたずさわる時間が長くなるにつれ、こうした報告が珍しくないものに思えてくる。

「健聴者はそんなことはしない」と言いたいわけではない。健聴者のなかにも、ときに、こうした行動を示す人がいる。だが、健聴者がこんな行動をとれば、精神科医療の立場からは、ほぼ例外なく「精神障害」に結びつく理解がなされるだろう。精神病圏の病理が疑われる可能性も高い。それくらい、珍しく、尋常でない、意志力を欠いた行動だということである。

ところが、筆者はこれまでの体験をとおして、一時期は錯乱状態に陥り（少なくとも、周りの目にはそのように映り）、こうした逸脱行動にまで及んだ聴覚障害者が、精神科治療や心理療法、生活支援等の過程を経て、安定を取り戻し、成長を遂げ、社会人としての営みを回復した例を見てきた。また、他の治療者による、同様の報告にも接した。そして、筆者は、一定の聴覚障害者が示す「強烈な行動化」と「回復の可能性」は、聴覚障害者の精神保健を考える上での重要な鍵概念ではないかと考えるようになった。

＊

マリ子も、そんな聴覚障害者のひとりだった。インテグレーション先の中学校から、数カ月前にろう学校にUターンしてきた、十四歳の少女である。家族内に手話は存在しなかったが、ろう学校では日本語対応手話[注]を使っていた。

彼女の問題行動は、頻繁に一一九番に電話をかけて、「私の家が火事です。助けて下さい！」と訴えることだった。対応した係員は、幸いにも（？）マリ子の一方的な発話を理解できなかったため、事なきを得ていた。だが、執拗《しつよう》に繰り返された行動は、やがて「いたずら電話」として問題になった。父親に厳しく叱責《しっせき》されたマリ子は、家を飛び出し、隣家の犬に向かって石を投げつけた。それが大事を引き起こしたのだ。犬を傷つけてしまったことで、マリ子は混乱状態に陥った。彼女の表情は、不満と怒りと絶望の交錯を映し出した。まるで、わざと自分を混乱させようとするかのように振る舞い、首を左右に振り、髪を掻《か》きむしった。血走った目と眉間《みけん》の皺《しわ》は、彼女の容貌を異様に見せた。そして、きき取れぬことばで叫びつづけた。誰もが、マリ子を「狂った」と思った。

「私の傷ついた心が大変なのです！　お願いです。誰か助けてください」と訴えたくて、一一九番通報を繰り返したはずのマリ子なのに、彼女自身が、犬を傷つける結果になってしまった。「こんなはずではなかったのよ！」と、彼女は叫びたかったのではないか。筆者にはそう感じられた。その思いを、マリ子本人と両親に伝えることから、私たちの出会いは始まった。半年後、マリ子は見違えるほど落ち着き、中学生の女の子らしい表情が見られるようになった。そして、親、教師、クラスメートらに対する不満や要求を、「行動化」ではなく、ことばによって表現し始めていた。

＊＊

聴覚障害者に生じる精神障害の特徴として、自己コントロールの喪失が話題になることが多い。J・デンマークというイギリスの精神科医は、「聴覚障害者が健聴者とコミュニケーションをとろうとすると、しばしば挫折や失望感を体験するが、そうした体験にまつわる不満や怒りを通常の（健聴者の）やり方で伝えることができないため、そういった感情は身体によって表現（行動化）されやすい。それが爆発的な表現に映るとき、彼らの問題は、重篤《じゅうとく》な精神障害と誤って結びつけられる場合がある」と述べている。自らのつらさ、苦しみを、爆発的な行動化によってしか表現できないところまで、彼らを追い込んだ原因と責任はどこにあるのかを考え、改めるべき道筋を明らかにしたい。

コミュニケーション不全は、精神病理を生む可能性がある。コミュニケーションを補償した関係性は、情緒や感情の修復体験となる。幼少期から、きこえない人の立場を尊重した豊かなコミュニケーション環境のなかで成長することは、聴覚障害児の情緒的、社会的な適応力を育てる。

聴覚障害者に対するコミュニケーション補償の大切さを再確認した。

【注】（日本語）対応手話……音声言語と手話を同時に使うコミュニケーションのあり方を言う。日本語を話しながら、手話で表現する。しかし、日本手話の語順や構造が日本語と異なる以上、厳密に言えば、日本語を話しながら日本手話を表現することはできない。そのため、手話を日本語に合わせるようにしたり、指文字を多く使用したりするなどの工夫が必要となる。

4

私はあなたの身体《からだ》には触れないわよ

ゆり子はろう学校を卒業して、清掃会社に就職した。数人の同僚とグループを組んでビルの内部を掃除する仕事だった。しばらくは調子が良かった。同僚はすべて年上の健聴女性で、ゆり子を可愛がってくれた。毎夕機嫌よく帰宅するゆり子を迎えながら、母親は「これでようやく、長かった子育ての肩の荷がおりるのだ」と感じていた。

就職して一年を過ぎたころ、ゆり子に好きな人ができた。同じビルで働く男性で、通りすがりに「ご苦労さま」とゆり子にねぎらいのことばをかけてくれた人だった。ゆり子は手紙を書いて、その男性に手渡した。そこには、「あなたを好きになったので、結婚しましょう」という内容が記されてあった。翌日、男性から「自分は結婚しており、あなたと結婚することはできません」という返事があった。

ところが、ゆり子は納得しなかった。あきらめずに毎日同じ内容の手紙を書いては、男性の勤めるオフィスを訪ねた。困り果てた男性は、ゆり子の同僚に相談し、清掃会社の上司の知るところとなった。上司はゆり子に説いてきかせようとしたが、ゆり子は筆談を拒み、上司のことばには目を向けず、「邪魔をしないでください。私は彼と結婚します」と独りでまくし立てた。上司はゆり子の両親に事の次第を伝えた。

それからが修羅場だった。男性への想いをあきらめさせようとする両親を、ゆり子は血走った目で睨《にら》み返した。そして、一方的に怒鳴った。興奮して叫ぶゆり子の声が近所の家まで響いたが、混乱した彼女の発話は両親にもきき取れなかった。

ゆり子は会社を解雇された。上司の勧告で、両親がゆり子を引き取るかたちになったのだ。そのことがゆり子の怒りに拍車をかけた。「勝手にした！　健聴者は勝手！　いつも私のことを無視する」と言って、ゆり子は両親に暴力を振るい始めた。

＊

ゆり子を連れた母親が筆者のもとへやってきたとき、母親は憔悴《しょうすい》しきっていた。ゆり子は「私は何も話したくない」と宣言すると、母親にはいっさい視線を向けず、筆者の反応を厳しい目で見つめつづけた。筆者は母親が語る内容をすべて手話に訳しながらきいていた。もちろん、筆者が母親に向かって話すときにも手話をつけ、ゆり子が母親と筆者とのやりとりをすべて理解できるよう心がけた。面接を終える時間がきたとき、筆者は「あなたのこれまでの体験をいっしょに振り返って、私に教えてくれませんか？」とゆり子に来談を誘った。ゆり子はすんなりと同意した。

こうしてゆり子との数年にわたる面接が始まった。ゆり子は見事なほどに筆者を揺すぶり、試しつづけた。それは、「あなたは裏切らないか？」「あなたは私を無視しないか？」「あなたは私を大切な存在だと認めているか？」という問いかけだった。その執拗《しつよう》さに辟易《へきえき》する自分を認めながら、筆者は、ゆり子が健聴者に対してどれほど根深い不信感を抱いているかを痛感していた。

ゆり子は、聴覚口話法の花形だった時代に幼稚部・小学部を過ごした。口話が苦手だったゆり子は、ことばの訓練に熱心にかかわってくれた母親に対して、いつも「申し訳ない」という気持ちでいた。だが、中学部になってきこえない先生に出会い、クラスでの手話の使用が許されたとき、ゆり子の心に「今までは何だったの!?」という疑問が沸いた。しかし、その疑問は燃焼することなく、年月が過ぎていった。家族は、ゆり子にとっての手話の重要性にはまったく気づかないままだった。そして、求婚を周りの健聴者たちに邪魔されていると感じたとき、ゆり子の怒りにはじめて火が点いたのだ。

ある日の面接で、ゆり子は将来への不安を語った。老いていく両親に代わって、自分の生活の面倒をみてくれる人として、どうしても結婚相手が必要なのだという。そして、彼女のために結婚相手を見つける約束をしてほしいと筆者に迫り、終了時間になっても、ゆり子は椅子から立ち上がらなかった。次週の面接を約束して席を立つ筆者に従って、なんとか廊下までは出たものの、ゆり子はそこで立ち止まり、「約束してくれなければ、帰らない」と言い張った。首を横に振る筆者、険しい目で睨みつけるゆり子……。筆者は彼女にこう伝えた。「こんなふうにあなたが動かなくなったとき、あなたのお母さんはどうしたかしら？　きっとあなたに近づき、あなたの背中を押し、手を引っ張って、力ずくであなたを外に連れ出したでしょうね。その瞬間、あなたはきっと暴れ出すのね。でも、私はあなたの身体には指一本触れないわよ。だって、私たちの間には手話ということばがあるのだから。私の言いたいことはあなたに伝わっているし、あなたのことばも私に届く。来週も待っているわね」。数十秒後、ゆり子は自ら歩き出し、扉を出て帰っていった。

＊＊

次の週、ゆり子は約束の時間に晴れ晴れとした表情でやってきた。そして、私たちはまた一段親しくなった。

ゆり子の母親から手話を取り上げてしまったのは誰？　母親と娘から「対等なことば」を奪ったのは何のため？　私がろう教育への疑問をもち始めたきっかけがここにあった。

5 底なし沼の暗闇

ひとりのきこえない青年が、筆者を訪ねてくれた。ある大学で教育学を学んでいるが、自分自身への関心から臨床心理学に興味をもつようになったという。かなりの難関をくぐり抜けて大学生となっただけあって、彼の日本語は「正しく」、ほとんどきこえないにもかかわらず、初対面の私にも十分に理解できる声で話した。

一時間あまり、健聴家族に生まれた彼の生い立ちや、現在の生活の様子をきいた。

「ところで、現在、あなたは何なのかしら？　難聴者？　ろう者？　それとも健聴者？」と筆者が問うと、彼はしばらく頭を抱えたあと、「わからない……」と呻《うめ》くように答えた。筆者が、「あなたが私を訪ねてくれたわけは、そこかしら？」と言うと、彼は、「ああ、そうだったのかなあ」と二、三度うなずき、「今、頭に浮かんできたことだけど……」と、高校時代に繰り返し見た夢のことを話し始めた。

僕は、山中の茨道を歩いていて、沼に落ちた。辺りは薄暗い。夕暮れ時のようだが、もしかしたら、夜明け前だったのかもしれない。もがきながら沼の中に落ちていく。どこまで行っても底はない。真っ暗ななかで、ただもがきながら落ちつづける。僕の足が地に着くことはないのだと感じながら、それでも懸命にもがいていた。怖かった。

彼は、幼児期に通った「ことばの教室」を優秀児として卒業し、ふつう学校にインテグレーションした。発音訓練を担当してくれた先生にとっても、家庭での訓練に励んだ母親にとっても、彼は「良い子」だった。「母親の笑顔は最高の報酬でした。母親が笑ってくれると、無条件に嬉しかった」と、彼は言った。小学校でも中学校でも、彼は優秀な生徒だった。高校受験にも成功して、地元の進学校に進んだ。彼は、口話教育の「成功事例」のひとりとなりつつあった。だが、そのころから、「自分のことがよくわからなくなった」。

授業中に先生の説明が理解できないこと、みんなの笑いからとり残されている自分、きき違えによる失敗、「そういったことには慣れていました。だから、さほど問題ではなかったんです」と、彼は言った。何より深刻だったのは、「僕にもいつか、誰かを心から理解できたと思える瞬間があるのだろうか。いや、僕には一生涯、そんな体験は訪れないのではないか」という疑問をもち始めたことにあった。

「両親のこと、きょうだいのこと、クラスメートのこと、自分は果たして誰かのことをいくらかでも理解できていると言えるだろうかと考えたら、誰もいなかった。僕はいつだって、必要最小限のことを手短に説明されてきただけだったから、その人がどんな体験をして、どんなことを考えているかなんて、まったくきいたことがなかった。僕が知っていたのは、小説や漫画に出てくる人物の気持ちだけだった。そう考え始めたら、急に不安になったんです。僕は、ひとりぼっち。どこまでいっても、いつまでたっても、僕だけがきこえない。みんなのように話し合うことも、雑談を楽しむこともできない。わかったふりをして、うなずくタイミングを掴《つか》むのがうまくなるだけなんだ。そんなふうに思ったら、自分が情けなくてたまらなくなった」と、彼は語った。

彼の夢は、そのころの彼の心の状態をとてもよく表している。きこえない存在としてのありのままの自分に真っ正面から向き合うことのなかった彼は、心のどこかでは「僕は他の人とは違う」と感じながらも、それを意識するまいとして、「いや、僕はきこえる人と同じなんだ」と自らに信じ込ませて生きてきた。それは、つらい思いをしながら自分を育ててくれていた両親への報いでもあったし、「親から見離されないように」としがみつく願いでもあった。つまり、彼は一度として、自らの「大地」にしっかりと足をつけて立ったことがなかったのだ。しかし、青年期を迎えた彼は、健康なひとりの若者として、本当の自分を探し始めた。だからこそ、夢のなかで、底なし沼に落ちていく彼自身の姿を見たのだろう。彼は、「アイデンティティの危機」という恐怖のなかでもがいていた。

「大学に合格するまでは」と、必死でがんばった。そして、大学に入ってから、いろいろなところに出かけ、多くの人と出会って、じっくりと考えるようになった。大学の授業に手話通訳派遣を依頼できることを知り、本格的に手話を学び始めた。ろう協会や難聴協会の行事に参加して、情報を得ることの大切さも知った。

彼の自分探しは、今始まったばかりかもしれない。「無理はしないで。でも、がんばってほしい」と、心から願う。底なし沼の夢は、夜明け前の情景だったと信じたい気がした。

もがいて、もがいて、やがて彼は沼の底までたどり着く。両足で沼底を力いっぱい蹴って、彼は地上に戻ってくる。夜が明けて、鳥たちが活動を始めていた。茨道はつづくだろうが、彼は、暖かい日射しに包まれながら、地面を踏みしめて歩き出す。

そんなイメージを心に描いて、彼を見送った。

6 きこえない「事実」

　インテグレーション先の中学・高校、大学、職場などでの対人関係に悩み、将来への不安に耐えきれず混乱する聴覚障害青年たちが、最終的には、「きこえないからダメなんだ」「きこえるようになりたい」「手術で耳を治してほしい」と語り、涙ながらに訴えることがある。

　中学に入学したトミ子は、「どうして私だけきこえないの!?　母親だったら、私をちゃんときこえるようにしてよ！」と母親に怒鳴った。口話訓練、日本語獲得、インテグレーションの道を、順調に歩んできたトミ子だった。しかし、思春期を迎え、友だちとの関係がこれまで以上に大切になり、親友と呼べる親密な存在を求める気持ちが強くなる時期、トミ子は大きな壁にぶつかった。級友たちの会話や談笑がわからない。なぜ彼女たちが笑ったのか、なぜ顔をしかめて話すのか、なぜ好奇に満ちた表情を示すのか――。「え?」「何なの?」「どうしたの?」と親しい友人に問いかけてみても、「別にたいしたことじゃないよ」「わからなくても大丈夫だよ」という返事である。トミ子は何も尋ねなくなった。彼女の寂しさは、やがて、怒りとなり、「きこえない自分」への怨《うら》みの感情が高まった。これまでは常に、きこえないにもかかわらず、「こんなに立派な」トミ子だった。皮肉なことだが、きこえないことで得られる評価が、むしろ、トミ子の自尊心を支えてきたと言えるかもしれない。しかし、思春期を迎えた少女は、孤独に直面し、無力感を味わい、自らの障害を怨んだ。そして、母親を怒鳴りつけたのである。

こうした訴えに接するたび、彼らのアイデンティティ形成について深く考えさせられる。耳がきこえないという状態で誕生した事実、あるいは、人生のある時点で聴力を失った事実、そうした事実を抱えて生きる彼らが、その事実をどう理解し、その理解の上に何を積み上げてきたか（何を体験し、学習してきたか）という疑問である。

「自分とは何者ぞ」というアイデンティティの感覚は、生まれてから今日まで、自分はどのような経験を重ねてきたか、そして、自分はどんな方向に向かって進んでいくのかに関する感覚と結びついている。この時間軸のなかで、その時々の自分が、どんな集団に位置していたかの感覚もまた、重要である。人は、家族、親戚、地域社会、幼稚園や学校のクラス、仲間集団、課外活動など、さまざまな集団に身を置くことによって、規範や文化を共有し、それらを真に自分のものとしながら、今ある自分を形成している。そして、そうした体験は、「ことば」によってまとまりを与えられ、本人の生きてきた社会や文化と結びつき、各自の個人史の重要で不可欠な要素となる。カウンセリングという語りの場を利用して、多くの人々が自分の内面を整理し、自らの内的成長を実感しながら次のステップへと踏み出していくのも、「語り」をとおして確認され、体系化されるこれらの要素によるのだろう。

しかし、健聴者モデルに従って、努力して生きてきた聴覚障害青年たちには、きこえない自分がどう生きていくかの先が見えない。彼らのほとんどは、きこえない大人を知らない。きこえない自分がモデルとできるような、きこえない成人との出会いを体験していない。口話を最優先し、ろう教員をろう学校や療育の場から閉め出してしまった教育は、きこえない子どもたちのアイデンティティ発達を不健全な方向に導いた。トミ子が、どうして「自分だけ」がきこえないのかということばで母親に詰め寄ったのは、こうした背景がもたらす問題を顕著に表している。

トミ子から怒りをぶつけられた瞬間の母親の衝撃、その後の悲しみを思うと、心が痛む。母親は、専門家の指導や助言に忠実に従い、トミ子の幸せを一心に願って育ててきた。母娘間のコミュニケーションにほとんど問題はなく、トミ子は母親を慕い、仲の良いふたりとして周囲も認めていた。口話重視のなかで、手話を使うことは考えなかったが、音声言語や日本語の虜《とりこ》になってしまったわけではなく、両親共に、トミ子の心の状態を大切にしてきた。だからこそ、トミ子から苦しい思いをぶつけられたとき、母親はその訴えの意味を感じ取り、「これは何かがおかしい」「このままではいけない」と判断して、カウンセリングを求めることにしたのだろう。母親は、「トミ子を何とかしてほしい」とは言わなかった。「トミ子の心をどうとらえてやればいいのかを、いっしょに考えてほしい」と語った。そこには、トミ子の養育者としての揺るぎない主体性があった。

補聴技術と早期発見技術の発展のなかで、きこえない子どもたちが感知できる音は、今後ますます広がっていくだろう。だが、どれだけきこえるようになっても、健聴者と同じようには「きこえない」事実を、彼らの大切な「事実」として肝《きも》に銘じていかなければならない。彼らが健聴者になるわけではない事実、つまり「きこえない」事実がもたらす発達への影響を、心理と学力の両面から慎重に見つめつづけていく姿勢が、聴覚障害児の養育、教育、福祉にかかわる者に求められている。

7
鎖につながれた象

「動物園は嫌いです。かつての自分を思い出しますから……」と、数人のインテグレーション経験者から言われたことがある。その理由は、皆よく似ていた。与えられた環境に甘んじざるを得ずに暮らしている檻の中の動物たちの姿を見ていると、かつての自分の姿が重なるのだそうだ。「かつて」とは、手話を知らなかったころのこと。親や先生たちが敷いてくれたレールの上を、疑うことなく進んでいたころ。

高村光太郎の詩「ぼろぼろな駝鳥」に出てくる駝鳥《だちょう》は、瑠璃《るり》色の風の吹く遠い自由の地を思って、空の彼方を見つめていた。けれど、動物園で生まれ、檻の中しか知らずに、通り過ぎる人々をながめて生きてきた動物たちには、思いを馳せる「かつての」自由の地はない。だから、彼らは言うのだろう。

「手話を知らなかったころは、むしろ苦しくなかった」と――。

インテグレーション教育のなかで育ち、大学に入ってから、あるいは社会人になってから手話を学んだ聴覚障害者に、はじめてこう言われたとき、筆者は一瞬戸惑った。今になれば、なるほどそれが当然だろうと思えるのだが、人の想像力は案外乏しいものなのだと、聴覚障害者の体験を知るほどに、筆者はつくづく教えられた。その後も、同様の経緯をもつ聴覚障害者から同じことばをきいてきた。彼らは、手話に出会って、「何てこと?! こんなに便利なコミュニケーション手段があったんだ。こんなに自由な会話が可能なんだ!」と知った。そして、完全にきこえるということは、これだけのことがわかるということだったんだ。きこえなくても、情報はちゃんと手に入れられるんだ」と気づいた。本当の苦しみはそこから始まるのだという。過去への疑問、取り返せない時間、大人たちへの怒り、現実の課題……。

あるインテグレーション経験者が、「鎖につながれた象」の寓話《ぐうわ》に喩《たと》えて話してくれた。

幼いときから足に鎖を巻かれ杭につながれていたサーカスの象は、やがて大人になっても、じっとおとなしく鎖につながれたままでいる。子ども象は、不自由な境遇を厭《いや》がって暴れてみるかもしれない。「この鎖を解いて!」「僕を自由にして!」と必死で叫ぶかもしれない。でも、その甲斐はない。そのうちに、彼はあきらめ、自由を求めて何かをしようとする気持ちを失ってしまう。そして、与えられた境遇を与えられるままに受け入れ、それを良しとして生きるようになる。月日が過ぎて、今や巨大な身体をもつようになった象は、もし本気で暴れたら、そんな鎖など難なく切り離し、杭ともども引っこ抜いて歩き出すことができる。実際、大人の象を捕らえてきて、そのような鎖でつないでみても、あっという間に逃げ去ってしまうだろう。それどころか、象の自由を奪おうとした人間を許さず、怒りのあまり長い鼻で打ち払うかもしれないし、大きな足で踏みつぶそうとするかもしれない。しかし、幼い日に飼い馴らされ、自らの人生のために主体的に考え行動する能力を奪われてしまった象は、もはや親しんだあり方に疑いを抱くことはない。

だからといって、私たちは、暴れない象を愚かな存在だと責められるだろうか？　調教師に可愛がられ、芸を磨いて餌をもらい、群衆の拍手を浴びながら満足していた象を、私たちは笑うのだろうか？　たとえ鎖を引きちぎったとしても、他の世界など一度も見たことのない象には、その先の未来を描けるはずもないのだ。それでは、象本来の自然なあり方を奪った人間たちの行為は、どうとらえられるべきなのか？

この寓話への喩えは、筆者にとって、重く大切な宿題となった。

きこえない子、きこえる大人たち。親の立場、教師の立場、医者の立場。人それぞれの価値観や人生哲学……。複雑である。考えれば考えるほど、難しい。けれど、次世代の成長に責任をもつ大人として、私たちは、この複雑さに耐えて考えつづけなければならない。新生児聴覚スクリーニング検査が制度化されようとしている今、筆者はなおさらそう自分に言い聞かせている。

きこえない子を見つけ出し、私たちは何をしようとしているのか、何をすべきなのか？

きこえない子を、檻の中に押し込めてはいけない。

「自由な世界」に開かれるはずの目に、目隠しをしてはいけない。

8

「本人」から学ぶ

先日、大学の授業で、弱視の青年が自らの障害について講義をしてくれた。彼は、先天性の弱視であり、インテグレーションによる教育を受け、大学に入学した。弱視という障害が、いかに世の中一般の人々に理解されていない、社会的認知度の低い障害であるかを知った。視覚障害者というと、我々は「盲」を思い浮かべがちである。しかし、まったく見えないこと（全盲）と、ひじょうに見えにくいこと（弱視）の間には、著しい体験の違いがある。弱視者は、視覚の世界で暮らしている。点字をあやつる者はほとんどいない。彼の説明をききながら、難聴者のことを思い描いた。

その内容のすべてをここで紹介したいほど、彼の語りは、筆者に多くの発見と学びをもたらしてくれた。なかでも「子どものころ、僕は、大きくなっても仕事はできないだろう、おそらく、十七歳か、十八歳くらいまでしか生きられないだろうと、漠然とながら思っていました」ということばは、大きな驚きを経て、深い納得に至った。

彼は、健常者家族に誕生した、唯一人の障害者だった。そして、自分と同じ障害をもつ人々に出会うことなく育った。彼の周囲には、弱視という障害を抱えながら仕事をして、結婚をして、親になって、生活している大人は誰もいなかった。つまり、弱視児としての彼には、将来のモデルとできるような存在との出会いがなかったということである。そんな彼であっても、小学校、中学校、高等学校へと進学し、毎日学校という場所に通って勉強する――「今」の延長としての――自分は、何とか想像することができたのだろう。しかし、その後を描くことはできなかった。だから、「その先は、たぶん生きられないだろう」となったのだ。彼の体験は、障害をもつ子どもたちが同一化対象に出会うことの大切さを、改めて教えてくれた。

今、成人した彼は、たしかに生きている。大学生になって、同じ障害をもつ仲間との出会いがあった。体験を共有し、独りぼっちではないことを知った。同時に、同じ弱視者の間にも、考え方、感じ方、価値観、経験にさまざまな違いがあることも知った。彼は、現在、大学卒業後の進路について考えている。けっして甘くはない世の中だということを十分に認識しながら、働く自分を思い描き、可能性を探っている。

一時間ほどの短い講義ではあったが、その内容は見事に詰まっていた。当事者であることの重み、主観と客観の共存、生の感情と冷静さ、学びの深さ……。自分たちが世話し、教育していた子どもが、実は当時、そのように思っていたのだと知らされることは、親にとってはつらい、教師や医療関係者にとっては愕然《がくぜん》となる、衝撃だろう。しかし、少数者（あるいは、単独者）として子ども時代を過ごし、数々の厳しい現実に揉《も》まれ、ようやく今そんなふうに語れるようになった「本人」のことばを、無駄にしてはならないと思う。

＊

臨床心理士としてのトレーニングを受ける過程で、何度となく、「本人のことは本人自身が最もよく知っている」と教えられる。どれだけ意識化できているかは別として、本人が求める真の答えは、本人の心のなかにあるということだろう。したがって、「こうしなさい」「ああしなさい」と指示やアドバイスを与えるのがカウンセリング（心理療法）ではなく、来談者本人が思いを語り、それをしっかりと心で受けとめてもらう体験をとおして、自らの本音に出会い、それを受け入れ、新たなあり方を求めて歩み出す、そんな道筋の支援をするのが心理臨床家の役目なのである。ただし、専門家であるはずの心理士が、ただ相手の話をきいているだけでよいのかというと、そうではない。心理学という視点からとらえられ、理解できる内容を、来談者の年齢、知的能力、心の状態などに応じて適切に伝えていくことも、心理士の大切な仕事である。そして、こうした働きもまた、相手の話をしっかりと、ていねいに傾聴する姿勢があってはじめて可能となる。

＊＊

彼は言った。「本当は、僕が幼かったころ、弱視という珍しい障害をもつ子どもを育てることになった両親に対して、誰かがこうした話をしてほしかった。弱視とはどういう体験をする障害であるのか、「弱視者は何を求めているのかを、彼らに教えてあげてほしかった」。

聴覚障害者の心理臨床にたずさわってきたなかで、何度同じことばに出会ったことだろう。本人のことばに学び、それを専門的な深い理解として消化して、社会に還元していかなければならないと感じている。

III

きこえの異なる親と子

1 ママはきこえないの。だから、おててで話そうね

まず最初に、保育園の担任が「なんだかおかしい」と感じ始めた。

ほとんど話をしない。友だちの輪の中に入れない。新しい指示が与えられると動けなくなる。ちょっとした話のズレで泣き出す。そして、画用紙の片隅に微かな筆圧で描かれる絵……。

サチ子を迎えに来た母親を園長が呼び止め、「一度、手話通訳をお願いして、サチ子ちゃんの様子についてお話をしたいと思います」と書いたメモを示した。サチ子は年中組、両親は難聴である。母親の表情が一瞬不安げに曇った。そして、「手話通訳はいりません。夫にも来てもらいます。夫は口話がよくできますので」と筆談で答えた。

懇談の日、園長と担任は、自宅でサチ子の様子をていねいに尋ねた。先生たちが知りたかったのは、どんな遊びをしているか、両親とどんなやりとりをしているか、生活のリズムはどうか、躾《しつけ》に関する困難はないか、食欲や食べ物の好みはどうか……そうしたサチ子の姿だった。けれども、どうしたことか両親からの返答はそっけなく、四人の会話は深まらなかった。少なくとも、

先生たちにはそう感じられた。

多くは父親が話した。母親よりも聴力が優れ、小学校からずっとインテグレーションで教育を受けて、コンピュータの専門学校を経て会社に就職したという父親は、園長や担任からの問いかけを理解し、十分に聞き取れる発話で語った。一方、母親はほとんど何も話さなかった。話す者の口元をじっと見つめていたが、先生らの問いかけも、夫が先生に向かって話している内容も、残念ながら母親にはあまり理解できていないようだった。父親だけでは応じられない話題になると、父親は母親の顔を見て、はっきりとした口形に簡単な手話を交えながら話しかけた。母親の発話は先生には聞き取れなかったが、父親が理解して、それを先生に伝え直した。

園長が、「サチ子ちゃんは、お家ではお母さんお父さんとどうやって話をしているのですか?」と質問したとき、両親は「口話です」とはっきり答えた。その応答があまりにきっぱりしていたために、先生たちは戸惑った。両親によれば、自分たちの聴覚障害は遺伝ではないので、誕生前から、サチ子はきこえるだろうと予想されていた。周りの人たちにアドバイスを求めると、産科の先生、小児科の先生、看護師さん、保健師さん、祖父母や親戚、誰もが「とにかくことばが遅れないように、早く保育園に入れて」と言った。自分たちもそうだと思った。生後四カ月から特別に保育園に入れてもらった。週末には、近所に住む祖父母がサチ子を連れに来てくれた。だから、サチ子の「ことば」の発達は順調だった。「おしゃべり」は一歳半ばから他児同様に展開した。この点は、園長も理解していた。しかし、今思えば、三歳を迎えたころから園でのサチ子の様子が変化し始めた。沈黙が増え、部屋の隅で独り過ごす時間が長くなった。

担任から最近のサチ子の様子を報告された両親は、応答に詰まった。担任が描写したサチ子の姿は、幼かった日の両親の体験にぴったりと重なったのだ。何ということ？　サチ子は健聴、それなのになぜ⁉　混乱と躊躇《ちゅうちょ》の数分間を経て、母親が父親に向かって重い口を開いた。話が込み入ってきたせいか、彼女は手話を使い始めた。中学・高等部をろう学校で過ごした母親の手話は、父親よりずっと流暢《りゅうちょう》だった。

数カ月前から、サチ子は時折、自らの手で頭を叩くようになった。気づいた母親がその動作を制すると、サチ子はさらに苛立って、狂ったように頭を振り回して見せたり、頭を壁に打ちつけたりしたという。そんなサチ子の状態を、母親は不安に感じていた。けれども、なぜか怖くて誰にも話せずにいた。さらには、父親が帰宅すると嘘のように和らぐサチ子を見て、母親は、「やはり私の耳が悪いから、私の口話が下手だから、サチ子は私のことを嫌いなのだ」と苦しんでいた。

「どうしてサチ子ちゃんに手話でお話ししてあげないのですか？」と園長から問われて、両親の表情は険しくなった。三十歳代半ばの両親は、幼児期に徹底した口話教育を受けた。「手話はしないでください。口話が上達しません」「きこえないお母さんも、学校では手話をしないでください。子どもたちが真似《まね》しますから」……。専門家たちは、彼らと彼らの親たちにそう説いた。そうしたことばは、子どもたちの柔らかくて純粋な心の芯まで染み込み、けっして逃れられない呪縛となった。彼らは成人し、親になった。そして、「きこえなくても、口話で子育てするのが立派な親なのだ。ましてや、きこえる子どもに対して手話を使って話しかけるなんて、とんでもない親だ」と固く信じていた。

だが、小さなサチ子は、「ただママに伝えたかっただけ」「ただママとおしゃべりしたかっただけ」なのだろう。きこえても、きこえなくても、子どもはみんなママとおしゃべりするのが大好きなのだ。そして、母親もまた、それを心から楽しむ権利をもっている。「ママはきこえないの。だから、おててで話そうね」。それは当たり前の、大切な提案。

きこえる親をもつきこえない子も、きこえない親をもつきこえる子も、共に、「だから、おてて　で話そうね」。筆者の祈りをこめた提案である。

2 親への同一化

デフファミリーに生まれた聴児は、しばしば、「きこえないふりをする」とか、「ろう者のように振る舞う」と言われる。

保育園の年長クラスに通うタケルは、就学前の健康診断で聴力検査に反応しなかった。しかし、検査者がやさしく近づいて、「ヘッドホンのココから、何か音がきこえてこなかったかなあ？」とささやくように問いかけると、彼は、「ううん、何もきこえなかったよ」と、答えたそうだ。耳鼻科の医師は、「きこえているのに、きこえないと嘘をついているだけかもしれない。もしかしたら、ヒステリー性の難聴であるかもしれない。ともかく、心理的な反応でしょう」と説明したという。実は、それ以前から、担任の保母は、日常場面でのタケルの様子を気にかけていた。時折、彼は、保母やクラスメートの声に反応せず、まるできこえていないかのような態度をとるのだった。タケルの両親はろう者である。核家族に育ったタケルは、生後六カ月のときから保育園に通って音声言語を順調に習得してきたが、家ではずっと手話で会話している。

このエピソードをきいた筆者は、ろう者をよく知る周りの人たちに、そうしたことはしばしば起こり得ることなのかどうかを尋ねてみた。すると、複数のろう者や手話通訳者などから、同様のエピソードが報告された。

ろう者の生活や手話についてよく知らない人々にとって、タケルの言動は、何とも解せないことかもしれない。だが、「子どもにとって最も大切な人、つまり親への同一化が働いているのですよ」と言われたら、漠然とではあれ、理解できる気がするのではないだろうか。タケルの場合がどうであったかは定かでないが、筆者は、身辺自立がますます進んで、きこえる友だちや保母たちと過ごす時間が大切になってくる時期に、タケルは心の奥で、「このままきこえる世界に行ってはいけない。パパ、ママと離れちゃいけない」と感じたのではないだろうかと感じた。

ろう者は、聴者にはきこえる音の多くとは無関係に生活している。そうしたあり方には、独自のスタイルがあり、聴者とは異なる習慣やマナーが生まれる。音声言語と手話、コミュニケーション手段が違うというだけの話ではない。タケルのようなコーダ【注】たちは、「よくきこえないが、よく見える」親（ろう者）のもとに誕生し、生きてきた子どもたちである。彼らは聴者でありながら、「目で生きて」いる。それこそ、親への同一化の賜《たまもの》であろう。

アメリカのコーダたちの体験を描写した報告のなかに、次のようなものがある。

デフファミリーの食卓で、家族の誰かがフォークを床に落としても、幼いコーダはその音に何の反応も示さない。そうした音がまったく意味をもたない両親たちと共に過ごしてきた彼らにとって、音の多くは意味をもたない刺激、情報となった。フォークを落とした本人が「ない」ことに気づき、床を覗き込んで探し始める動きがサインとなって、他の家族も「どうしたの？」「何探しているの？」と反応し始める。

このエピソードは、筆者にとって大きな衝撃だった。少し考えてみれば「なるほど」と理解できることでも、人は自分の体験のなかにない事柄にはなかなか想像が及ばないのだと、あらためて痛感した。きこえているかどうか、その物理的事実が問題なのではなく、きこえた音が「意味あるもの」として扱われるかどうかが重要だということだろう。音があり、きこえがある。そこにさまざまな習慣や文化が生まれる。きこえる子どもたちは、そうしたありようを示す大人たちの姿を真似《まね》て成長する。まだ片言しか話せない幼児が、母親や父親のしていることを観察し、そっくり真似て示す様子を見ていると、子どもがいかに親と同じことをしたい、親と同じようになりたいと願っているかがわかる。「同一化したい」という意志が原動力となって、子どもはめざましい発達を示す。

デフファミリーに誕生した聴児には、「きこえる」存在として同一化する親はいない。その代わりに、彼らには、「目で生きる」モデルとしての大切な親がいる。そこでは、視覚的な刺激に多くの意味が与えられる。一方、聴者家族に誕生したろう児には、視覚に生きる存在として同一化できる親はいない。そして、残念なことに、きこえる親に同一化しようとしても、聴覚障害をもつ彼らには、それは自然な道筋とはなり得ない。

このように考えるとき、聴覚障害をもつ子どもたちの多くや、デフファミリーに誕生した聴児たちが、「きこえ」や「見え方」の違いによる習慣、規範、文化の影響の下で、親への健全な同一化を育みながら、かつ自分自身の視覚や聴覚が自然に機能する生活にも溶け込んでいけるよう支援することが望まれる。そのために、私たちは、「よくきこえる世界」に生きることと「よく見える世界」に生きること、それぞれの言語観や世界観について、さらに理解を深めなければならない。

きこえない人々と向き合う経験をとおして、筆者は、きこえない子どもたちやコーダたちが、圧倒的多数の聴者社会のなかで健康なアイデンティティをもって生きるために、彼らには、ろう者と聴者の二つの世界を柔軟に自由に行き来できる存在となってほしいと願うようになった。

【注】コーダ……コーダ（CODA）は Children of Deaf Adults'（ろうの親をもつ子どもたちの会）の頭文字をとった会の略称だが、現在は Child of Deaf Adults（ろうの親をもつ子ども）という意味でコーダ（coda）という名称　が使われることが多い。コーダの多くは、手話を第一言語（母語）として成長し、自らは聴者として音声言語も習得して生活している。いわゆるバイリンガル（二つの言語を話す人々）である。「ろうと健聴の二文化を共有している」という共通点をもつ。

3 世代間伝達——コーダの心を守りたい

聴覚障害者と出会い始めてからの数年間は、ひたすら、きこえない本人たちのことばかりを考えていた。やがて、そうして育った聴覚障害者たちの「次の世代」についても考えるようになった。前節で述べた、コーダと呼ばれる人たちである。彼らに思いが及び始めたきっかけは、カウンセリングで出会うきこえない人たちが、母親になることへの漠然とした不安を語り始めたこと、自分が子どもを育てるというイメージがもてないと語ったこと、（きこえる）わが子の集団不適応や不登校に困ったきこえない親たちが、心理的な支援を求め、自分たち家族について語り始めたことなどだった。

近年、臨床心理学や乳幼児精神医学の分野では、「世代間伝達」という用語がよく使われる。人の社会において、風俗習慣、伝統文化、技術などが世代から世代へと伝承されるように、情緒の世界もまた、育児と家庭生活をとおして親から子へと伝達される。「心の世代間伝達」の最初の舞台は、乳幼児期の赤ちゃんと親の相互作用である。親がそれまでの人生で未解決のまま心の奥に潜ませてきた葛藤や苦悩が、そうしたやりとりの中にすべり込んでくる。そして、その人の行動の背後で、目に見えない影響を生涯にわたって及ぼしつづけるのである。その結果、「まったく同じ！」と言いたくなるほどによく似た現象が、世代を越えて繰り返される。親–乳幼児心理療法の先駆者として知られるアメリカの精神分析家、S・フレイバーグは、親自身の過去の内的体験が無意識に子どもに投影されて、子どもの内的体験に影響を与える現象を「育児部屋の幽霊（ghosts in the nursery）」と呼んだ。彼女の提唱したこの概念は、最近深刻化する虐待問題とからんで、日本でもいっそうの注目を集めるようになった。虐待（不適切な養育）を受けて育ち、その心理的問題を未消化のままに持ち越して親となった人たちは、自らの子育てにおいて、今度は加害者となって子どもへの虐待を繰り返す。

　筆者が、手話を否定されて育った聴覚障害者の歴史について学んだとき、それは一種の「虐待」ではなかったかと思った。きこえなければ自然に動き出す表情や手を、「みっともない」「恥ずかしい」「口話力が伸びない」と咎《とが》められて、圧倒的に優勢な聴者から、一方的にことば（音声言語）を浴びせられつづけた。聴者は彼らに、「そのままの聾唖《ろうあ》なあなたではダメなのだから、私たち聴者のようになりなさい」と強いたのだ。聴者との真に対等なコミュニケーション媒体とはなり得ない音声言語（口話）だけを彼らに押しつけて、十分にきき（読み）取れないことや、知りたいのに知り得ないもどかしさを、本人たちの努力不足、能力不足だから「仕方がない」と片づけた。そうした状況のなかで、疑問をもつことも、感情に問いかけることもできなかった聴覚障害者たちは大勢いた。やがて、彼らは親になった。そして、図らずも、彼らの過去の体験はいろいろなかたちで繰り返された。その結果、コーダたちは多くの苦労を背負うことになったのである。

スクールカウンセラーが全国の小・中学校に配置されるようになって、かつては何の支援も受けることのなかったコーダたちが、まだ子どもの段階で、心理的なケアの対象として、専門家の目前に姿を現し始めた。筆者のもとには、「スクールカウンセラーとして勤務している学校で、今度紹介された不登校生徒の親が聴覚障害者なのだが……」と、間接的な支援を求める声が、臨床心理士の仲間から届くようになった。

そうした子どもたちのケースには、ほとんど例外なく「世代間伝達」の問題がからんでいる。子どもたちは、「(親になど)言ったってわからない」「(親から)かまってもらったことなんてない」「(親は)一方的に怒るばかりで、きいてくれない」と反発するが、どの子の心の中にも深い寂しさがある。彼らの多くは、「口話」で育てられた(きこえない)親に「口話」で育てられている(きこえる)子どもたちである。そうした親子の間に、「関係性の病」という名の家族病理が潜む。きこえない親たちは、しばしば、「愛情に欠ける」とか、「子どもへのかかわりが希薄だ」と非難される。しかし、彼ら自身の育てられ体験が、まさに「愛情に欠けた、希薄なかかわり」でしかなかったのではないか。彼らの親たちの真の思いとは別に、残念ながら、彼らにはそう体験されたのだと思う。

情緒的なやりとりから自然に発展するかかわり合いのなかで、理解し合えることの喜びが「親子の愛」を育てていく。だが、彼らは、そうした関係を発展させるための「ことば」を奪われてしまったのだ。

人は、してもらったことしか、できない。
人は、されたことを、繰り返す。

過去を背負うきこえない親たちを叱責《しっせき》し、説教しても、何も生まれてはこない。意味のある援助は、彼らと共に頭を抱え、寄り添って考えること。これまでとは異なる関係体験を提供すること。そのプロセスのなかで、親自身が癒《いや》され、育まれ、かかわることの喜びと大切さを知る。それが、子どもへと還元される。

これまでの体験をとおして、「きこえない子どもたちがやがて大人になったとき、次の世代の子どもたちをきちんと育てていける人になってほしい」と、筆者は強く願うようになった。それが教育の目的ではないのか。「私たちコーダのためにも、きこえない彼らは手話で育てられ、教育してもらわなければならないのです」。最近出会ったひとりのコーダが、凛《りん》としてこう語った。「同感」である。

4 マンハッタン・スクール47

ニューヨーク・マンハッタン島に、「スクール47」というろう学校がある。健聴の子どもたちに門戸を開いた珍しいろう学校である。二〇〇一年の秋、筆者はこの学校を見学に訪れた。

*

デフファミリーに聴児（コーダ）が誕生した場合、あるいは母親がろう者である場合には、子どもたちの多くは手話を母語として成長する。そうした子どもたちが三歳を迎え、プレスクール（幼稚園）に入学するとき、「聴児だから」という紋切り型の分類によって、配慮のないまま一般のプレスクールに入れられると、そこでさまざまな問題が生じてくる。

先生の説明が理解できず、ぼんやりしていることが多い。その結果、知能発達の遅れを指摘されることもある。

周りの子どもたちの会話のスピードについていけず、遊びの輪からはずれてしまう。

疎外感を味わうなかで、怒りっぽくなり、攻撃的な面が目立ってくる。……等々。

聴者家族に育ったきこえる子どもたちであっても、大人の援助なしに、自由に音声言語をあやつることなど難しい年齢である。ましてや、視覚的なことばを第一言語とし、映像的な表現に親しんで育ってきたコーダたちが、突然、音声言語の世界に放り込まれれば、混乱が生じるのはむしろ当然だろう。

コーダたちの抱えるこのような問題が複数の現場から報告されるようになったとき、スクール47が、「そうした子どもたちを、私たちの学校が受け入れましょう」と名乗りを上げた。そして、スクール47は、アメリカ手話と英語を公用語とするろう学校になった。二つのクラスが合併され、正担任が二人になった。一方は、アメリカ手話を母語とするろうの先生、もう一方は、巧みな手話力をもつ健聴の先生である。大きくなった教室で、定員が二倍になった生徒たち、十数名が活動していた。

年少クラスの子どもたちが入学してくる九月、ほとんどの場合、手話が上手なのはきこえる子どもたち、すなわち手話を母語として育ったコーダたちである。聴者家庭に生まれたきこえない子どもたちの手話は、まだまだおぼつかない。しかし、手話を得意とする聴児ときこえない子がいっしょに遊び、寄り添う教師すべてが手話を自在に使いこなす環境の下で、数カ月もたてば、ろう児たちは手話で不自由なくやりとりできるようになる。

健聴の先生は、明確な英語を、対応（折衷《せっちゅう》）手話をともないながら話していた。きこえる子どもたちが、手話でのコミュニケーションを大切にしながら、無理のないペースで英語という音声言語に慣れていけるよう支援することが、この学校がコーダを受け入れた重要な目的だった。

五歳児に絵本を読みきかせる時間を見学した。半円形に座った子どもたちの真ん中に、まず、ろうの先生が座った。絵本を広げ、そこに英語でつづられた内容を、アメリカ手話に翻訳して子どもたちに伝える。きこえる子も、きこえない子も、ろうの先生の表現に釘付けになっていた。途中でいろいろなディスカッションが展開するが、みんながアメリカ手話で話すので、筆者には、どの子がろう児で、どの子が聴児なのかの区別がつかなかった。その後、ろうの先生に代わって、きこえる先生が真ん中の椅子に座った。そして、はっきり発音される英語に、対応手話を添えて、同じ絵本が読まれた。子どもたちは、今度もまた、その話に熱中していた。きこえる子も、きこえない子も、それぞれの様式で理解を深めていたのだろう。

当初、この学校に入学してくる聴児たちは、一～二年間のプレスクール生活を経て、ふつう学校へ転校していくものと、誰もが予想していた。しかし、実際には、彼らの多くはろうのクラスメートと共に小学部へ進学し、学年を重ねているという。この結果は、聴児が在籍して損をしないだけの学力補償ができていることを示しているように思う。あるいは、コーダにとって、手話という言語の中にいることが、最も生きやすく、安心して過ごせる場なのかもしれない。きこえない親をもつコーダたちは、成長するにつれて、どんなに難しく複雑な内容も、手話で表現できるようになりたいと望むはずだ。そうすれば、親たちの楽しむろう文化をより深く味わうことができる。また、将来、いかなる話題も親子で共有できる。

＊＊

スクール47の存在に出会ったことは、筆者にとって、まさに「目から鱗《うろこ》が落ちる」体験だった。ろう学校が聴児に門戸を開くという発想の転換。二つの言語の共存を、自然なかたちで補償していこうとする試み。「この学校には、何一つ特別な訓練はありません。当たり前の環境を整えれば、子どもたちはふつうに成長するのです」と、ろうの校長は語った。「私たちは、ただきこえないだけ。ふつうの人間なのです。そのことを理解してほしい」と筆者に語った、多くの日本のろう者の顔が浮かんだ。

5 心の安全基地

生後六カ月を迎えるころまでに、子どもは、愛着対象としての母親（一次的世話者）をかなり認識できるようになり、母親が不在のときにも、心のなかに母親像を保持する能力が発達してくる。八、九カ月になると、母と子は、独自のかかわりや遊びを展開する。そうしたやりとりのできる対象としての母親が、子どもの心のなかでますます格別な存在となっていく。

きこえる子どもの場合には、多くのコミュニケーション媒体のなかから、いよいよ音声言語が威力を発揮し始める。ミルクを求めて泣き出す子どもに、母親は台所から「お腹がすいたのね。今すぐ行くわよ」と話しかける。子どもを置いて出かける母親は、子どもに声をかけ、それなりに説明したり、あいさつしたりして家を出る。そうした音声言語によるかかわりに、母親の行動のなかに読み取る文脈や、母親の声のトーンや雰囲気から伝わってくる情緒的な内容を交えながら、子どもは、漠然とではあれ事態を理解し、母親の存在を確認する。こうした体験をとおして、子どもは待つことを覚え、裏切らない母親、つまり愛着対象への絆を強めていく。そこでは、子どもに語りかける母親の「ことば」が、具体的で重要な役割を果たす。母親の感情や思いをそのままのせた「ことば」である。子どもが母親から分離（自立）できるようになるのも、実は、こうした母親のイメージが心の中に育ってくるからなのだ。二歳を迎えるまでに、母親が「心の安全基地」として利用できる存在であることを知った子どもたちは、母親を心的エネルギーの補給所としながら、いっそう活発な探索活動へと出かけていく。

では、きこえない子どもたちの場合、こうした愛着発達のプロセスはどうなっているのだろうか。きこえない子どもであっても、発達早期に母親と共に歩む道筋は、基本的には聴児と同じである。問題なのは、重要な存在となった愛着対象を、どのようにして安定したかたちで内在化できるか、つまり、自分の心のなかに、いつでも思い出して利用できる存在、像として保っておけるかである。

このように考えてくると、きこえない子どもとその母親たちにとっての手話の重要性が浮かび上がってくる。母親の感情や思いをのせて、きこえない子どもに届けることのできる「ことば」は、手話なのである。聴者である母親にとっては、それは残念なことかもしれないが、「異なる母語（第一言語）をもつ親子」という設定で始まる関係を「不運だが不幸ではない」ものにするために、母親は身体表現と手話に開かれていくほかない。そして、そのときのモデルは、やはりきこえない成人であろう。

筆者がニューヨークのろう学校、レキシントン・スクールで研修したとき、乳幼児のプログラムに通ってくる母子のなかで、ろうの母親たちはとても重要な役割を担っていた。まず、彼女ら自身が受けてきた教育や生活体験を語るろう者「本人」としての役割があった。そして、ろうの母親たちが幼い赤ちゃんをあやす様子、よちよち歩きの子どもと楽しいごっこ遊びを繰り広げる様子、ゲームやおやつタイムのルールの伝え方、躾《しつけ》における叱り方など、きこえない母親と子どもたちの間に生じるやりとりの一つひとつが、健聴の母親たちにとっては、新鮮な学びのようだった。きこえる親たちにも、育てられ、育ってきた経験がある。伝えるべき中身はみんなもっているのだ。ただ、表現の仕方や工夫を、きこえない人たちの生活と文化から学ぶ必要があるのだろう。

窓からおもちゃを投げようとする一歳半の男の子がいた。彼のきこえる母親は、その子の手を引っ張って、「ダメよ。やめなさい！」と、厳しい表情で何度も言ってきかせていた。けれど、男の子は見向きもしなかった。そのとき、そばで雑談していたろうの母親が、その子の肩をぽんぽんと叩いて振り向かせると、「ボブ、見てごらん。建物の下を人が歩いているわ。あの人たちの頭の上にそのおもちゃが落ちて、ぶつかったら、あの人は血を流しながら倒れてしまうわ。痛くて可哀想……。たいへんだわ！　ボブのお母さんはとっても心配して、やめようねって言ってるのよ」と、身振りと表情いっぱいの、一歳半の子どもにもわかりやすい手話で説明した。ボブは、じっとそのろう女性の「はなし」を見つめていた。そして、彼女といっしょになって困った表情をすると、照れくさそうに笑って、手に持っていたおもちゃを母親に手渡した。ボブの母親もふたりのペースにのって、大きな身振りで「ありがとう。良い子ね。お母さんはボブのこと自慢に思うわ」と彼をほめ、抱きしめた。

ろうの母親が幼い子どもにどのように接し、どのようにコミュニケーションを展開するのかを観察すれば、きこえない子どもに最もよく届く伝え方、かかわり方が見えてくる。それを取り入れ、アレンジし、きこえる親ときこえない子は彼らなりのコミュニケーションを創造していく。そうした関係をとおして、子どもが確実に成長していることを実感できることこそが、きこえない子どもをもった親に養育者としての自信を取り戻させ、先の見通しを与えるのだと思う。

「いくら言ってきかせても、この子はわからないのですよ。どうしたらいいのでしょう……？」と憔悴《しょうすい》した表情で問いかける母親たちがいる。「言ってきかせる」のではなく、「身体で表現して見せる」とき、きこえない子は親の意図を感じ取る。見て、理解して、取り入れる価値のある内容がいっぱい詰まった存在なのだと、子どもが親や大人たちを認めてくれたとき、教育は可能となるのではないだろうか。

6 ぼく、きこえない人になってもいいの？

長男のカズキが一歳の誕生日を迎えて間もない日曜日、いっしょに遊んでいた父親が、「なあ、カズキきこえてないんじゃないか？」と怪訝《けげん》そうな表情を母親に向けた。それは、数カ月間、母親が怖れつづけていた瞬間だった。「やっぱり……」。耳鼻科の医師は「両耳ともにきこえていない可能性が高い」と判断した。母親は、目の前が真っ暗になり、身体がガタガタ震えた。だが、「補聴器を付ければ、かなりの音がきこえるようになります。話すこともできますよ」と言われたとき、母親は神の声をきいた気がした。「先生、カズキはきこえるようになるんですよね?!しゃべれるようになるんですよね?!」何度もそう叫んでいた。

一歳半で補聴器を付けた。確かに、カズキの音への反応は見違えるほどだった。「カズキちゃん！」と呼びかける声に、息子がはじめて振り返ったとき、母親はその喜びをどこに向かって感謝していいかわからなかった。

その後、週に一日、ろう学校の早期教育相談に通った。同じ境遇の母親たちとの出会いは、彼女を救った。自分だけではないという思いに勇気づけられ、先輩の母親たちから多くを学んだ。家中に単語カードを貼った。カズキとのやりとりのために、絵カードもたくさん作った。キューサインもいちはやく習得した。「母子関係が大切です」「いろんな体験をさせてあげてください」というアドバイスにも応えて、母親は絶えずカズキに話しかけ、さまざまな行事に参加した。彼女は気長で優しい母親だった。

カズキの通っていたろう学校は、過去には口話一辺倒の教育方針だったが、そのころには、「手話を使うか使わないかは親の選択。学校としては禁止しない」という方針に切り替わっていた。実際、手話を取り入れて授業をしている先生はいた。だが、親の期待もあって、第一に「ことば」、すなわち「日本語と口話」の学習が先決という雰囲気が、幼稚部全体を包み込んでいた。

三歳になったカズキは、幼稚部に入学した。口話力は良いペースで伸びていた。日常生活において、キューサインを交えた口話での会話に、両親は不便を感じなかった。だから、「カズキくんは、ふつう学校で大丈夫。心配ないわね」と、クラスメートの母親たちから羨《うらや》ましがられるのを、両親はそのまま受けとめていた。

しかし、両親の考えが変わったのは、カズキが五歳の誕生日を迎える直前だった。亡くなった祖父の七回忌に、久しぶりに親戚が集まった。カズキには歳の近いいとこが三人いた。いとこたちの様子を見て、両親は愕然《がくぜん》とした。カズキが驚くほど幼く見えた。きこえるいとこたちは、カズキにはけっしてきき（読み）取れない速さで話した。歓談にせよ、喧嘩にせよ、子ども同士の会話には、大人顔負けの迫力や機転があった。親との会話の内容も、カズキ一家に比べれば、ずっと複雑だった。そんないとこたちの遊びに、カズキがついていけるわけはなかった。ただいっしょにいるだけのカズキを、いとこたちが気遣いながら遊んでいた。そのうち、周りがカズキを扱いきれなくなったのか、カズキ自身が何かを感じたのか、カズキはいとこたちの輪から離れて、ひとりで絵本を読み出した。

ふつうの子どもたちの姿を目の当たりにして、両親の心は重かった。これでいいのか？　どうすればいいのか？　何か方法はないのか？　両親は迷い始めた。そして、情報を集め、講習や勉強会に足を運ぶようになった。筆者が両親を知るようになったのも、そうした勉強会の場であった。

両親は、はじめて手話を自在に使うろう者に出会った。手話という「言語」を知った。手話をあやつって自由におしゃべりする子どもたち、手話で言い争う親子の姿を見た。「私たち、間に合うかしら？」と、母親はつぶやいた。「間に合うようにしなければ、カズキに申し訳ない」と、父親は応えた。それ以後、両親は手話サークルや手話講座に通い、テレビ番組やビデオを使って手話を学んだ。そして、休日ごとに、ろう者の集まる催しにカズキを連れて出かけた。

カズキには戸惑いがなかった。手話で話す人々にはじめて会った日から、彼はその世界に溶け込んでいった。「なぜわかるの？」と不思議に思うくらい、カズキは手話を理解して、どんどん吸収していった。まさに「水を得た魚」だった。「ああ、この子はきこえない子だったんだ」と、そんな当たり前のことを、両親は心から理解した。そして、両親は根気よくろう学校の教師と話し合い、積極的に手話を取り入れた教育をと願った。

小学部進学を前にして、カズキの様子に疑問を感じた母親から、筆者に連絡があった。「最近、カズキが時折思い詰めた表情をする。尋ねると泣き出す。そうかと思うと、突如、ろう学校の小学部に行くのはやめて、ふつう学校に行くと言い出す。以前は、幼稚部の友だちといっしょに小学部に行けるのを大喜びしていたのに……」ということだった。

カズキは母親に問いかけているのだろう、と筆者は思った。ぼく、どんどんきこえない人になっていくよ。お父さんやお母さんたちとは、別の人になっていくよ。だけど、ぼくは、お父さんやお母さんのことが好きだよ。ねえ、いいの？ だいじょうぶなの？ ぼく、きこえない人になってしまっても、ぼくはずっとお父さんとお母さんの子どもなの？ きこえない子になっても、ずっと愛してくれるの？

きこえの異なる親をもつ子どもたちは、多かれ少なかれ、皆こんな苦しみを体験している。カズキの不安をそうとらえるなら、彼の問いかけへの答えは、両親が自分たちで見つけ出すものだろう。正しい答えなどない。心の底から、全身で、自信をもって向き合ってあげてほしいと願うだけである。そのとき、両親が学んできた手話は、きっと強い味方になるにちがいない。

7 意味を生きる

葵《あおい》の聴覚障害が発見されたのは、生後四カ月のときだった。泣き暮らす母親を支えて、父親がインターネットで情報を求め、関係機関を訪ねた。そして、補聴器のこと、人工内耳のこと、教育のことなど、できる限りの知識を集めた。夫婦で手話を勉強し始めたのは葵が五カ月のとき、補聴器を装着したのはその二カ月後だった。あるシンポジウムの会場で、葵の両親と筆者が知り合ったのもこのころだった。その後、折に触れて、母親からの便りが届くようになった。豊かな感性でつづられる文面は、かかわり合う母と子の情景をいつも生き生きと伝えてくれた。

葵が二歳十カ月を迎えたある日、母親と娘はいつものように買い物に出かけた。その帰り道、ふたりは西の空いっぱいに広がる夕焼けに出会った。商店街のアーケードを抜けて、角を曲がった瞬間、柔らかい真っ赤な光に包まれた。葵の人生で、いちばん大きな夕焼けだった。母親と葵が顔を見合わせたとき、ふたりの表情は感動で輝いていた。「すご～い！　真っ赤！　ぜ～んぶ真っ赤！」「そうねえ、お空がぜん～ぶ真っ赤。きれいねえ！」

葵の視線は母親から離れ、もう一度遠くの空を見つめた。そのとき、「何なの？　なぜなの？」と、葵の手が動いた。葵の心のつぶやきだった。再び母親を振り返った葵は、「あれ、何？　赤いのはなぜ？」と尋ねた。母親は娘の質問がとても嬉しかった。以前にろう学校の先生の講演で、子どもから「なぜ？」「どうして？」の問いが出ることの大切さをきいていたからだ。

母親は手に持っていた荷物を路上に下ろし、葵の前に身をかがめると、両手を使って話し始めた。「夕方になって、お日さまがみんなに〝バイバ～イ！〟してるのよ。あしたの朝、元気にまた〝おはよう！〟って出てくるんだって。あの赤いお空は、ユウヤケって言うのよ。夕焼けは、お日さまの〝さようなら。またあした会おうね〟のごあいさつなの」。葵は微笑んだ。そして、西の空に向かって、「バイバ～イ。またあしたも来てね。待ってるよお」と、母親の真似《まね》をして両手を振った。

その夜、帰宅した父親に、葵は夕焼けを見た報告をした。母親からきいた説明を得意そうに繰り返す葵の姿に、父親は驚き、感心した。

人間は意味を生きるべく宿命づけられている存在だと言われる。幼い子どもたちを観察していると、まったくそのとおりだと教えられる。彼らは、多くのことに気づき、さまざまな感情を味わい、疑問を抱く。そして、表情で、視線で、ことばで、大人に問いかける。

「どうしてぼくには、おしっぽがないの？」

「どうして赤ちゃんはいっぱい寝るの？」
「おまわりさんが泥棒したら、誰が叱るの？」

これらはすべて、筆者が最近出会った二、三歳児からの質問である。子どもたちがこうした問いを投げかけてくるとき、大人はまず、それを心から歓迎することが大切である。そして、共に関心を寄せ、生き生きと応じたい。筆者が、きこえない子どもたちの家庭に早期からの手話の存在を願う理由は、こうした瞬間のやりとりを、自由で豊かなものにしたいからである。その体験が「世界を探求する好奇心」を育てる。それは、幼児期の重要な課題であり、学習への意欲につながっていく。

やがて、葵は成長し、夕焼けについての科学的な理解を求める日がやってくるだろう。彼女は、誰かに問いかけて、手話で説明してもらうのだろうか。それとも、図書室を訪れて、活字となった日本語の解説文を読むのだろうか。はじめて会った日、葵の父親は、「人とのかかわりをとおして学ぶ力と、独りで文献にあたって学ぶ力。その両方の大切さと面白さを知り、利用できる人に育ってほしい」と、娘の成長への希望を語っていた。それは、大学で史学を教えている彼の、教育者としての「理念」でもあると感じた。

今、四歳を迎えようとする葵は、療育教室での聴能訓練やスピーチ指導にも、母親と共に熱心に臨んでいる。両親と葵の間で交わされる会話には、手話があり、声がある。それを「対応手話」と呼ぶか、「折衷《せっちゅう》手話」と呼ぶか、あるいは「日本手話ではない手話」と呼ぶかは、両親と共に葵の成長を見守ってきた筆者にとって、あまり重要な問題ではない。きこえる両親がきこえない子に思いを寄せ、わかり合おうと努めるなかで生まれてきたコミュニケーションのあり様を、敬意をこめて受けとめたい。

デフファミリー出身のクラスメートをもつ葵は、やがて日本手話をマスターしていくだろう。それもまた、両親の願いである。「僕たちには読み取れない日本手話で、きこえない仲間と流暢に語らい始める葵を、親として誇らしく見つめられたらいいなと思うのです。そのためにこそ、僕たち夫婦にも可能な手話で、親子のコミュニケーションが十分成り立つように、葵にも協力してほしいと望むわけです」と、父親は言う。日本手話と対応手話のバイリンガルになってほしいということだろう。それは、きこえない子をもつきこえる親たちの願いとして、とても自然なものだと思う。

[Ⅲ]——7　意味を生きる

おわりに——臨床心理学という視点

二〇〇二年四月から日本手話通訳士協会の月刊機関紙『翼』に「聴覚障害者の心理臨床」というタイトルで二年間にわたって連載させてもらった。本書は、その内容に若干の加筆と修正を加えたものである。当初、連載は一年間という約束で始まった。そして、最終回となるはずだった二〇〇三年三月号の原稿に取りかかろうとしていたとき、編集担当者から「もう一年継続してみませんか？」というお誘いをいただいた。毎回、筆者自身の臨床体験をもとに創作した事例を紹介しながら、伝えたいことを具体的なかたちで語りかけてきた。そうした筆者の思いが、なにがしかの響きをもって読者の心に届いたのかもしれないと考えると、継続の誘いはとても光栄に感じられた。しかし、一年間という心づもりで展開してきた連載だけに、そのままのスタイルで書き続けることには、香辛料の効かなくなった料理を「これでもか」と差し出すことになりそうな不安があった。

返事ができずに迷いながら日を重ねていたとき、ある学習会で筆者が行った講演に対する感想文が届いた。「ろう教育における手話の役割」と題した講演で、筆者は、聴覚障害者とのカウンセリングから学んだことを紹介し、そうした体験をもとに、聴覚障害者の人格形成において手話補償がいかに重要であるかを訴えた。本書で述べてきた内容と、基本的には同じ視点であった。匿名なので、どのような立場にある人からの感想かはわからないが、「すべてが個人の体験談に基づく演者の話は、主観的である。大学の教壇に立つ立場にある者は、科学的な事実をもとに、再現性のある話をすべきである。手話の大切さを訴えるのであれば、それを証明し得るだけのデータを示すのが研究者としてのマナーである」という内容の指摘だった。

こうした批判は珍しいものではないが、ちょうど連載継続について迷っていた筆者にとっては、続行への後押しをもらったような気がした。筆者は、確かに大学の教員であり、研究者である。したがって、客観性や普遍性を十分に尊重した姿勢で対象に臨み、問題の理解や解決に努めなければならないと思っている。一方、筆者の専攻する臨床心理学は、その本質において、援助者(臨床心理士)と援助される者(クライエント)との人間関係を土台とする実践の学である。個別の事例を徹底的に掘り下げることによって(それをデータとして)普遍的な法則や問題に迫っていくのが、臨床心理学的方法論の基礎であると、筆者は理解している。その意味で、臨床心理学は伝統的な心理学とは異質な視点をもっているが、だからといって、普遍性や理論を軽視してよいというわけではない。連載の継続を決めるにあたって、二年目は、臨床体験に基づく理解と「理論」との橋渡し的作業をしたいと思った。

届いた感想に対し、筆者はむしろ、きちんとしたデータに基づきもせずに「手話は言語ではない」と決めつけて、聴覚障害児から手話を奪った聴覚口話法の主導者たちの姿勢の、どこが科学的であったのか、どこが学問的であったのか、と問い返したかった。それが正直な思いであり、憤《いきどお》りでもあったが、感情的な反論だけでは、現実に「今」を生きている子どもたちの役に立つ解決には向かわない。なすべきことは、確固たる理念をもって、できることをコツコツ重ねていくことだと思った。筆者にとっての理念とは、「きこえない人々の話しことばは手話であり、きこえない子どもたちは手話を補償された環境で育てられ、教育を受ける権利をもっている。そうあってこそ、きこえない人々の心理・発達的な健康も尊重される」というものであり、筆者にできることとは、その根拠を示し続けることだろうと考えてきた。

ここであえて断っておくが、こうした観点から手話の大切さを主張することは、補聴機器やスピーチセラピーの効果によって音声言語を利用できるようになることの否定を意味するわけではない。また、書記言語（としての日本語）の習得がろう教育の最重要課題の一つであることを軽視しているわけでもない。きこえない子どもたちにとって、原初的なコミュニケーションから自然に発生し習得される「話しことば」としての手話、その有効性と重要性に言及しているのである。

新生児スクリーニング検査の普及によって、聴覚障害の早期発見が可能になった。生後五、六カ月から補聴器を装用し、人工内耳の手術を受ける子どもたちも増えている。だがこうした流れが、補聴機器の利用によって、子どもたちを口話教育に封じ込めようとするものになってはならないと思う。むしろ、聴覚障害の発見された子どもたちが、将来、主たる話しことばとしての手話を獲得し、十分な教育を受け、誇りをもってろう文化を継承していける日本のろう者に育つための「早期発見」であってほしい。その際、補聴器機の利用による口話の習得が、必ずしも手話やろう文化と敵対視されずに、きこえない人々がより豊かに生きていくための一つの手段と位置づけられればと願う。

筆者が出会ってきたのは、「生きてきた人々」である。彼らは、筆者の頭のなかだけで作られた人たちではない。筆者は、彼らの表現にひたすら心を傾け、寄り添いながら問い続けてきた。「きこえない」とはどういうことか、絶対多数の聴者社会のなかで（聴者と同じようには）きこえずに生きるとはどんな体験をすることか、きこえの異なる親と子の間にはどのような関係が生じるのか、きこえない人はどう生きたいのか――。こうした作業をとおして見えてきたものを臨床心理学の従来の知見と照らし合わせ、ときには、発達心理学、言語学、教育学、文化人類学などの知識を学びながら、彼らと筆者との間主観的な関係性のなかで理解した内容に、より客観的で普遍的な意味を見出す努力をしてきたつもりである。

聴覚障害者の心の発達と健康を守るために、臨床心理という専門性が果たさなければならない役割は大きい。心の専門家が、きこえない人々の教育、福祉、医療の場で有効に機能できるための道筋を、これからも一歩ずつ探っていきたい。いっしょに学び合える仲間との出会いを大切にしながら――。

あとがき

きこえない人々に出会って十四年。手話のできる臨床心理士として彼らの苦しみに触れ、手話の大好きな人間として、たくさんのきこえない友を得ることができました。こうした年月をとおして、きこえない人々のコミュニケーション手段である手話の重み、手話という言語によって創り出され、継承されてきた文化、「目で生きる」ということの特殊な認知能力、それに基づく生活様式や対人関係のあり方などについて、多くのことを学びました。それは、筆者自身が「得体の知れない怖さ」を克服し、きこえない人々を「聴者である自分と同じ人間」として真に受けとめていく過程でもありました。そうした理解は、彼らの体験や思いを深く理解し、心理的な支援をつづける上で、重要な役割を果たしてきたように思います。人は、自分の知らないこと、想像すらできないことに対して、怖さを抱くものです。この怖さが、対人関係における溝を作り出し、偏見を生み、憎しみや恨みを招きます。大切なのは、未知なるものに臆せず、「知ろうとすること」「尋ねてみること」であり、心理的な支援もそこから始まるのだ感じています。

聴覚障害者を対象とする支援は、臨床心理学の世界においてほとんど未踏の領域でしたので、筆者が今に至るまでには、多くの人々の励ましがありました。一九九〇年春、はじめて参加した手話講座の講師であった大矢暹氏（当時、京都市聴覚言語障害センター副所長、元特別養護老人ホームいこいの村梅の木寮所長）との出会いが、今日までの歩みの出発点でした。大矢氏の導きによって、京都市聴覚言語障害センター内の更生訓練施設に足を運ぶようになり、「利用者の役に立つと思うのであればやってください」という近藤幸一氏（当時、京都市聴覚言語障害センター施設福祉部課長、現在は同センター副所長）のことばに接して、きこえない人々の心理・発達的支援の扉を開くことができました。そこで出会った多くの訓練生とそのご家族、指導員の方々に教えられ、また共に学んだことは計り知れません。

その後、外来の心理相談機関、数々の福祉施設やろう学校などで、心理臨床的な支援をつづけてきました。そうした活動の過程で出会った方々の声が、本書を生む原動力となっています。本文中に紹介した臨床事例はすべて、筆者の経験をもとに筆者が創作したものですが、その背後には、大勢の聴覚障害者とその家族によって語られた経験があります。誰にもわかってもらえなかった苦しみ、人知れず願いつづけてきた夢、血を吐くような思いで明かされた訴え――。彼らの語りの本質を、ひとりでも多くの人々に伝えることができればと願っています。

お世話になり、応援してくださったすべての方々に、心よりお礼を申し上げたいと思います。先にも記したとおり、本書は、日本手話通訳士協会の機関紙『翼』に連載した内容を、若干の加筆、修正を加えてまとめ直したものです。『翼』の編集にかかわっておられた石曽根純子・高井洋両氏には、たいへんお世話になりました。ありがとうございました。そして、本書の出版を快くお認めいただいた日本手話通訳士協会理事の皆様にもお礼を申し上げます。

全体としての読みやすさとまとまりを考えて、連載当初の掲載順とは大幅に異なる構成となりました。これは、明石書店の高橋淳氏の労に依ることを記し、感謝申し上げます。

二〇〇四年九月

河﨑佳子

【著者紹介】

河崎佳子《かわさきよしこ》

京都大学大学院教育学研究科博士課程修了。佛教大学心理クリニックセンター勤務、同教育学部助教授を経て、2005年より京都女子大学現代社会学部教授、2010年より神戸大学大学院教授。専門は臨床心理学。臨床心理士。1990年の手話との出会いをきっかけに、聴覚障害者を対象とする心理臨床に取り組んできた。2000年秋から1年間ニューヨーク・レキシントンろう学校にて研修。手話言語条例が広がる中、近年は手話言語のあふれる早期支援の実践・研究に力を注いでいる。

主な著書：『聴覚障害者の心理臨床』『聴覚障害者の心理臨床②』（共著・編著、日本評論社）、「静かな叫び――不就学ろう青年とかかわり続けた9年間」（『発達81』ミネルヴァ書房）など。

きこえない子の心・ことば・家族

――聴覚障害者カウンセリングの現場から

2004年10月31日　初版第1刷発行

2019年5月15日　初版第6刷発行

著　者　河　崎　佳　子

発行者　大　江　道　雅

発行所　株式会社　明石書店

〒101-0021　東京都千代田区外神田6-9-5

電　話　03（5818）1171

ＦＡＸ　03（5818）1174

振　替　00100-7-24505

http://www.akashi.co.jp/

組版／装丁　明石書店デザイン室

印刷　株式会社文化カラー印刷

製本　協栄製本株式会社

（定価はカバーに表示してあります）　ISBN978-4-7503-2008-3

聴覚障害児の学習と指導

発達と心理学的基礎

四日市 章、鄭 仁豪、澤 隆史、
ハリー・クノールス、マーク・マーシャーク［編］

◎A5判／並製／376頁　◎3,000円

聴覚障害児の言語、心理、発達等に関する基礎的な研究知見をはじめ現在の教育における論点を明示。言語、リテラシー、数の能力、認知、社会・情緒的側面からコミュニケーション方法と言語との関係、マルチメディア教育の今後や学校・学級の環境要因まで、広範な内容を科学的な視点から記述し、基礎と実践との融合を図った教育実践者のための一冊。

《内容構成》

序
第1章　学習と指導の本質的要素
第2章　学習者としての聴覚障害児
第3章　家庭で始まる学習
第4章　言語発達
第5章　言語のアセスメントと指導
第6章　認知的発達と学習
第7章　社会性・情緒の発達と学習
第8章　教科の成績と指導――リテラシー
第9章　教科学習と指導――国語、算数・数学、理科の学習
第10章　コンピューター活用によるマルチメディア学習
第11章　学習と環境
第12章　これからの方向性

〈価格は本体価格です〉

障がい児共生共育論
曽和信一、杉本節子著　◎1800円

重度障害児家族の生活　ケアする母親とジェンダー
藤原里佐著　◎3300円

地域に帰る　知的障害者と脱施設化
カナダにおける州立施設トランキルの閉鎖過程
ジョン・ロード、シェリル・ハーン著　鈴木良訳　◎2700円

障害理解のための心理学
シリーズ障害科学の展開5
筑波大学障害科学系責任編集　長崎勤、前川久男編著　◎4800円

生活支援の障害福祉学
シリーズ障害科学の展開3
筑波大学障害科学系責任編集　奥野英子、結城俊哉編著　◎4200円

障害者自立支援法と権利保障　高齢者・障害者総合福祉法に向けて
伊藤周平著　◎2800円

ポスト障害者自立支援法の福祉政策
生活の自立とケアの自律を求めて
岡部耕典著　◎2000円

障害者の自立支援とパーソナル・アシスタンス、ダイレクト・ペイメント
英国障害者福祉の変革　小川喜道著　◎2000円

障がい者自立生活センターの介助サービス
トラブルの実態と予防・対処への提言
松山光生著　◎4800円

障害者ソーシャルワークへのアプローチ
その構築と実践におけるジレンマ
横須賀俊司、松岡克尚編著　◎2500円

通史　日本の障害者　明治・大正・昭和
山田明著　◎3800円

盲人福祉の歴史　近代日本の先覚者たちの思想と源流
森田昭二著　◎5500円

ベトナムとバリアフリー　当事者の声でつくるアジア的インクルーシブ社会
上野俊行著　◎4600円

ダウン症をめぐる政治　誰もが排除されない社会へ向けて
キーロン・スミス著　臼井陽一郎監訳　結城俊哉訳者代表　◎2200円

障がいの重い子どもと係わり合う教育
実践事例から読みとく特別支援教育Ⅰ
障がいの重い子どもの事例研究刊行会編　◎3800円

障がいの重い子どもと係わり合う教育
実践事例から読みとく特別支援教育Ⅱ
障がいの重い子どもの事例研究刊行会編　◎3800円

〈価格は本体価格です〉

〈明石ライブラリー70〉

ヘレン・ケラーの急進的な生活

——「奇跡の人」神話と社会主義運動

四六判／上製／296頁　◎3000円

キム・E. ニールセン 著　中野善達 訳

「奇跡の人」の美名が隠した、ヘレン・ケラーの真実の姿とは？「慈善は社会悪に対する免罪符」と言い切り社会主義を信奉、婦人参政権を主張し、人種差別、死刑制度に反対した、急進的思想家の側面に光をあて、苦悩しつつも、誠実に生きた生涯を活写する評伝。

内容構成

年譜／序章
第一章　私は今のような世界を好みません［一九〇〇—一九二四年］
第二章　盲の人びとへの神のお召し［一九二四—一九三七年］
第三章　私の渇ききった口に注がれるマンナ（天与の糧）［一九三七—一九四八年］
第四章　私はポリーがピラミッドに登ることを許しはしないでしょう［一九四八—一九六八年］
第五章　地球上で最も自由が少ない人びとの一人——ヘレン・ケラーの形成と再生
参考文献

盲ろう者として生きて

指点字によるコミュニケーションの復活と再生

福島 智 著

A5判／上製／520頁　◎2800円

幼くして視覚を、ついで聴覚を喪失し、深い失意と孤独の中に沈んでいた著者が「指点字」という手段によって他者とのコミュニケーションを回復し、再生するに至るまでを綿密に分析した自伝的論文。

内容構成

第Ⅰ部　盲ろう者研究と本書の性格
第1章●「盲ろう者」という存在と先行研究の概況／第2章●本研究の目的と方法
第Ⅱ部　福島智における視覚・聴覚の喪失と「指点字」を用いたコミュニケーション再構築の過程
第3章●失明に至るまで／第4章●失明から失聴へ／第5章●失聴へ／第6章●聴力低下と内面への沈潜／第7章●「指点字」の考案／第8章●学校復帰—指点字を中心とした生活の始まり／第9章●再び絶望の状態へ—集団の中での孤独な自己の発見／第10章●再生—指点字通訳によるコミュニケーションの再構築
第Ⅲ部　分析と考察
第11章●文脈的理解の喪失と再構築の過程／第12章●根元的な孤独とそれと同じくらい強い他者への憧れの共存

〈価格は本体価格です〉